reinhardt

Dittmar Rostig

Einen geliebten Menschen im Sterben begleiten

Wie wir Abschied gestalten und Trauer sinnvoll erleben

Ernst Reinhardt Verlag München Basel

Dr. *Dittmar Rostig* ist Sozio-, Trauer- und Traumatherapeut und verfügt über langjährige Erfahrungen in der Sterbe- und Trauerbegleitung in eigener therapeutischer Praxis und am „Zentrum für Trauerbegleitung und Lebenshilfe" in Dresden. (Weitere Informationen finden Sie unter http://www.ztl-trauerbegleitung.de)

Bibliografische Information der Deutschen Nationalbibliothek

Die Deutsche Nationalbibliothek verzeichnet diese Publikation in der Deutschen Nationalbibliografie; detaillierte bibliografische Daten sind im Internet über <http://dnb.d-nb.de> abrufbar.

ISBN 978-3-497-02469-8 (Print)
ISBN 978-3-497-60183-7 (E-Book)

Printed in Germany
Lektorat / Redaktion im Auftrag des Ernst Reinhardt Verlages: Cornelia Fichtl, München
Reihenkonzeption Umschlag: Oliver Linke, Hohenschäftlarn
Covermotiv: © Sunnydays / Fotolia.com
Satz: FELSBERG Satz & Layout, Göttingen

Ernst Reinhardt Verlag, Kemnatenstr. 46, D-80639 München
Net: www.reinhardt-verlag.de E-Mail: info@reinhardt-verlag.de

Inhalt

Vorwort

Sterben hat viele Gesichter. Wenn wir mit Sterben und Tod konfrontiert werden, ist es ein Geschehen, das wir nicht einordnen können und das uns aus dem Gleichgewicht bringt. Es ist einmalig und unbegreiflich wie die Geburt eines Kindes. In beiden Grenzsituationen sind wir dem Geheimnis von Leben und Tod ganz nah. Auf der einen Seite ist unser Herz voller Freude, wenn ein Kind geboren wird – auf der anderen Seite zu Tode betrübt, wenn ein Mensch stirbt.
Es berührt mich, wenn Väter in Seminaren erzählen, wie sie die Geburt ihres Kindes miterlebt haben. Noch vor fünfzig Jahren wäre das unvorstellbar gewesen. Können wir uns heute auch auf eine neue Kultur der Begleitung Sterbender einlassen?

Das Buch zeigt Wege, einem geliebten Menschen im Sterben beizustehen, ob im Heim, Hospiz, auf einer Palliativstation oder zu Hause. Es ermutigt, dem Sterbenden nah zu sein, den Abschied bewusst zu gestalten, sich dafür Zeit zu lassen und die eigene Trauer sinnvoll zu leben. Die Beispiele, wie erwachsene Kinder ihre demenzerkrankten Angehörigen auf ihrem letzten Weg begleiten oder wie Eltern sich bewusst von ihrem verstorbenen Kind verabschieden, ermutigen, neue Schritte zu gehen. Nicht alles aber ist voraussehbar. Ungewiss bleibt, wie der Schwerkranke selbst seine Krankheit annehmen wird und wie ihn die Krankheit verändert. Begleitende Angehörige wiederum werden sich fragen, wie sie die Krankheit ertragen und wie sie mit ihren Ängsten umgehen können. Das alles macht eine Begleitung nicht einfach. Sie bietet aber die Chance, gemeinsam zu reifen, einen Ausgleich zu finden, vielleicht auch gelassener Abschied zu nehmen, um Frieden zu finden.

Die Entscheidung aber, wie eine Person stirbt und wie sie trauert, bleibt letztlich ihre Entscheidung. Insofern ist dieses Buch ein Wegweiser für Angehörige, damit sie ihren Weg einer Sterbebegleitung finden, der ihrer Lebenssituation gerecht wird. Daher regt es an, sich mit der eigenen Lebensgeschichte auseinanderzusetzen, Muster der Krisenbewältigung konkret wahrzunehmen, Anforderungen an eine Sterbebegleitung realistisch einzuschätzen, ein stabiles Netzwerk zu organisieren und die eigenen körperlichen und geistigen Ressourcen sorgsam zu pflegen. Nicht zuletzt zeigt es Wege auf, um die Zeit zwischen Tod und Beerdigung als eine gute Zeit des Abschiednehmens aktiv zu gestalten.

Unsere Angehörigen im Sterben zu begleiten, mit unserem Verstand besser einordnen zu können, was geschieht, und im praktischen Tun herauszufinden, was dem anderen gut tut, ist das Anliegen dieser Sterbebegleitung für Angehörige.

Danken möchte ich den Angehörigen und Teilnehmern meiner Ausbildungskurse, den Hospizhelfern, Pflegekräften und Ärzten, die mit ihrem Engagement und ihren Erfahrungen Sterbende so begleiten, dass sie einer neuen Sterbe- und Trauerkultur den Weg geebnet haben. Die Zeit des Sterbens begegnet uns daher als die letzte Zeit des Lebens nicht mehr ganz so fremd. Fangen wir an, uns dem Sterben zu stellen, gewinnt auch unser Leben eine neue Ausrichtung.

Dresden, Juli 2014 Dittmar Rostig

1 Eine Diagnose wird gestellt

„Kunst ist Kommunikation und Kommunikation ist Kunst."
(Husebø 2009, 147)

Wer mit der Diagnose einer lebensbedrohlichen Krankheit konfrontiert wird, dem zieht es den Boden unter den Füßen weg. Diese Horrornachricht verändert die Sicht auf das Leben des Patienten als auch das der Angehörigen im Augenblick und für lange Zeit danach.

Wie kann eine solche Diagnose vermittelt werden und wie wird sie aufgenommen und verarbeitet? Was kann ein Patient aufnehmen und verkraften? Was ändert sich für Sie als Angehörige? Mit welchen Ängsten müssen Sie sich auseinandersetzen?

Aufklärung am Krankenbett: Ein Prozess

Im Beziehungs-Pflege-Dreieck zwischen Patient, Angehörigen sowie Ärzten und Pflegenden ist immer wieder eine Balance herzustellen, um vertrauensvoll aufeinander zugehen zu können. Das erfordert von allen drei Seiten gegenseitige Achtung und Echtheit im Umgang miteinander und den Mut, wahrhaftig aufzuklären und auch die Schwierigkeiten anzusprechen, die das Verhältnis zwischen diesen drei Polen belasten. In dem Maße, wie das gelingt, kann die Balance zwischen Patient, Angehörigen sowie Arzt und Pflegekräften immer wieder neu austariert werden.

In meinen Seminaren zur Sterbebegleitung führen Pflegende eine Übung durch, in der sie nacheinander alle drei Rollen einnehmen. Im ärztlichen Gespräch teilen sie dem Patienten die Diagnose Lungenkrebs mit, als Betroffener spüren sie, was diese Mitteilung in ihnen auslöst, und als Angehöriger nehmen sie wahr, welche Fragen in ihnen aufbrechen. Danach teilen sie den anderen mit, wie sie die Situation erlebten, was ihnen gut tat, was sie schwer verkrafteten und inwiefern die anderen wirklich auf sie eingegangen sind. Das hilft Pflegenden in ihrer praktischen Tätigkeit, die Patienten ganzheitlich wahrzunehmen und empathisch auf sie einzugehen. Am schwersten fällt es den Teilnehmern, das ärztliche Aufklärungsgespräch zu führen.

Für Patienten ist dieses erste Aufklärungsgespräch über die Diagnose einer lebensbedrohlichen Krankheit ein Markstein in ihrem Leben, auch wenn sie nicht alle Einzelheiten verstehen und wahrnehmen können. Betroffene Patienten spüren sehr schnell, ob sie ernst genommen und verstanden werden oder ob über sie hinweg entschieden wird.

Ein Sohn berichtet, wie er seinen Vater in die Lungenklinik begleitete und was ihm von diesem Aufklärungsgespräch in Erinnerung blieb. Es war kurz nach dem zweiten Advent. Die Ärztin teilte mit, dass der Vater Lungenkrebs habe. Der Tumor müsse operativ entfernt werden. Der Vater solle so schnell wie möglich in die Klinik kommen – noch vor Weihnachten. Der Sohn bat um Bedenkzeit. Länger als fünf Minuten dauerte dieses Gespräch nicht, dann standen beide draußen vor der Tür und schwiegen lange betroffen. Den OP-Termin nahm der Vater erst im neuen Jahr wahr.

Stein Husebø (2009), ein norwegischer Palliativmediziner, erklärt, warum diese Gespräche für Ärzte besonders schwierig sind:

- Sie sind Überbringer einer schlechten Nachricht,
- sie müssen Therapiemöglichkeiten vorschlagen, um Einverständnis zu einem Behandlungsplan zu erzielen,
- sie sprechen mit Angehörigen und nehmen psychosoziale Probleme wahr.

Wenn eine begründete Diagnose gestellt werden kann und ausreichende Behandlungsmöglichkeiten zur Verfügung stehen, fällt es relativ leicht, ein Aufklärungsgespräch über eine Erkrankung zu führen. Schwieriger hingegen ist es, wenn die Diagnose nicht eindeutig feststeht oder einem Patienten eine lebensbedrohliche Diagnose mitzuteilen ist.

Die Erwartungen und Hoffnungen des Patienten stehen dann oft im Widerspruch zur Mitteilung des Arztes, der in der Pflicht steht, den Patienten über seine Krankheit aufzuklären, um notwendige Therapieschritte einzuleiten. Woher nimmt ein behandelnder Arzt die Sicherheit, was ein Patient im Moment aufnehmen kann, ohne ihn zu überfordern oder ihm gar zu schaden? Ist es gar besser, ihm die Wahrheit vorzuenthalten, um ihm die Hoffnung nicht zu rauben?

Der dänische Philosoph und Schriftsteller Søren Kierkegaard beschrieb in wenigen Sätzen eine Grundhaltung, die in der Hospiz- und Palliativarbeit fest verwurzelt ist und auch für die Mitteilung einer lebensverkürzenden Diagnose eine hilfreiche Orientierung bietet.

> *„Dies ist das Geheimnis in aller Kunst zu helfen. … Will ich einem andern in Wahrheit helfen, so muß ich mehr verstehen als er, vor allem aber muß ich doch wohl das verstehen, was er versteht.“* (Kierkegaard 1922, 19)

Wenn ein Arzt sich darauf einlässt, das Leben durch die Brille des Patienten zu sehen, versteht er besser, was diesen bewegt, wie er bisher mit Krisen und Krankheiten umgegangen ist, was seine Ressourcen sind, die ihm Stabilität verleihen, und was die Mitteilung einer lebensverkürzenden Erkrankung für ihn konkret bedeutet, welche Ängste und Fragen ihn umtreiben und wo er Halt finden kann.

Der Palliativmediziner Husebø fragt deshalb, was einen Arzt ermutigen kann, diese Aufklärungsgespräche so anzugehen, dass sie zu einer Hilfe für den Patienten werden. Gelingen wird dies, wenn der Arzt sich verdeutlicht, welche Informationen er besitzt, die es dem Patienten erleichtern können, seine Entscheidungen bewusster zu treffen. Aufklärung, die mit dem Patienten geht, orientiert sich an dessen Fragen. Sie ist dann ein fortlaufender Prozess, kein einmaliger Akt. In dem Maße, wie der Schwerkranke sich an seine Krankheitssituation annähert und darüber aufgeklärt ist, trifft er seine Entscheidungen über einzelne Therapieschritte und seine verbleibenden Lebensmöglichkeiten bewusster.

Im Dokumentarfilm „Letzte Saison. Wenn es Zeit ist zu sterben" von Sigrid Faltin (2011) wird Frau Z. mit der Verdachtsdiagnose Krebs konfrontiert, nachdem ihr der Arzt die Ultraschall-Aufnahmen erläuterte. Ihr Ehemann begleitet sie bei folgendem Gespräch:

> Arzt: „Ich muss Ihnen einfach jetzt sagen, was vorliegt. Es ist nicht einfach für Sie, Sie wollen aber die volle Wahrheit, wie man so schön sagt, wissen?"
> Patientin: „Tja, ich möchte ja vielleicht noch was dagegen tun."
> Arzt: „Genau. Es sieht mit einer großen Sicherheit danach aus, mit einer sehr großen Sicherheit, dass es Bauchspeicheldrüsenkrebs ist, der in die Leber bereits gestreut hat."
> Patientin: „Schon gestreut? Bei der Leber hat man ja dummerweise eigentlich keine Chance mehr?"
> Arzt: „Keine Chance. Jetzt muss ich Ihnen insofern Recht geben, dass man einfach sagt: ‚Na gut, jetzt bin ich an einem Lebensabend mit 85 oder 90. Das ist äußerst unwahrscheinlich.' Ja, das stimmt. Es wird Ihr Leben verkürzen. Ich bitte Sie aber noch mal, nicht in Monaten zu denken."
> Ehemann: „Sie sind ja der Fachmann. Wir haben nur die Hoffnung, aber wann setzen Sie jetzt diese Aktion ein. Wann beginnt die Behandlung?"

Arzt: „Ich empfehle Ihnen eine Gewebeprobe, um ganz sicher zu sein, also sozusagen fein geweblich unseren höchstgradigen Verdacht zu bestätigen. Die Chance, dass es vielleicht doch nicht ganz so schlimm ist, würde ich nützen."
Patientin: „Ja klar. Ich möchte gern alles nützen, was mir zum Wohl und Heile beiträgt. Ich will auf jeden Fall dazu einstimmen, klar. Ich möchte auch eigentlich noch mal ein bisschen gesund werden, noch mal ein Fitzelchen."
Arzt: „Das muss man sagen. Wir können zu diesem Stadium nur sagen: Wir können Ihnen helfen, aber wir können nicht heilen. Das muss man hinnehmen, das ist Fakt."

Die Zeit zwischen Verdachtsdiagnose und der Diagnosemitteilung, in der die klinischen Untersuchungen abgeschlossen werden, ist für Patienten wesentlich von der Hoffnung geprägt, die Verdachtsdiagnose möge sich nicht bewahrheiten. Fällt die Diagnosemitteilung jedoch so aus, dass sich der Verdacht bestätigt, beginnt die Auseinandersetzung mit der Krankheit ganz von vorn.

Der Arzt, der Frau Z. gemeinsam mit ihrem Ehemann die Diagnose übermittelt, weiß um diesen ganz heiklen Punkt: Die Wahrheit kommt nun schwarz auf weiß auf den Tisch.

Arzt: „Nehmen Sie Platz. Sie auf diesem grünen. Grün ist die Hoffnung."
Patientin: „Das klingt schon mal gut."
Arzt: „Ja, wir müssen einfach gleich sprechen. Die Histologie ist gekommen und es ist das, was wir befürchten mussten. Eine Erkrankung, Krebs der Bauchspeicheldrüse, die Lebermetastasen hat. Das ist die Diagnose, die uns genauso, Sie natürlich noch mehr, erschüttert. Und wir wollen, dass Sie noch solange leben wie's geht, ohne dass das Leben versaut wird durch irgendwelche Maßnahmen, die nur aus einer Art Hilfeschrei geboren sind: ‚man muss doch was tun.'
Man muss nicht unbedingt alles tun, was jetzt vielleicht nahe

liegt. Das Ding rausholen, das ist eine Operation. Die wird man nur dann wirklich machen, wenn es bei Ihnen eine Konstellation gibt, die Sie quält. Es ist dann die große Hoffnung, dass Sie gut ansprechen auf das, was wir dann letztendlich als stärkste Waffe haben, das ist nicht die Chirurgie, das ist auch nicht die Bestrahlung, das ist die Chemotherapie."
Patientin: „Also, ich möchte den Weg, den schnellsten Weg, den es irgendwo zu gehen gibt, möchte ich gehen."
Arzt: „Schnellsten Weg mit Mitteln zu dämpfen ..."
Patientin: „Nicht so katastrophale Experimente. Nee, will ich nicht machen, friedlich. Das hilft mir vielleicht am ehesten."
Arzt: „Ja, das ist richtig, was Sie sagen."

Diese Diagnose bringt die Wahrheit auf den Punkt. Der Arzt spricht aber zunächst die emotionale Erschütterung der Patientin an, auch die eigene Betroffenheit. Er informiert über erste Behandlungsschritte und zieht die Patientin in diesen Entscheidungsprozess mit ein. Schließlich verweist er darauf, dass keine Behandlungsschritte eingeleitet werden, nur um aktiv zu erscheinen. Die Lebensqualität und die Entscheidung der Patientin stehen im Vordergrund.

Die Aufklärung über die Krankheit erschöpft sich nicht in einem einzelnen Gespräch. Sie ist ein fortlaufender Prozess, da ja auch die Krankheit fortschreitet. Wahrhaftige Aufklärung, die den Patienten nicht überfordert, schafft Vertrauen. Das, was dem Patienten mitgeteilt wird, richtet sich danach, was er im Moment aufnehmen und verstehen kann.

Eine einfache Kommunikationsregel lautet: Alles, was ich sage, muss echt sein, aber ich muss nicht alles sagen. Der Grad meiner Echtheit richtet sich also danach, was ich dem anderen im Moment zumuten kann, ohne ihm allen Lebensmut zu nehmen. Wenn ich einer anderen Person etwas zumute, dann traue ich ihr auch zu, sich damit auseinanderzusetzen, es anzunehmen und daran zu wachsen und zu reifen.

Ein Patient kann seine Krankheit eher verarbeiten und die ihm verbleibende Zeit sinnvoll nutzen, wenn ihm die Wahrheit so vermittelt wird, dass er sie nach und nach begreift und in seine Lebensgeschichte einfügt. Aufklärung über die Diagnose gestaltet sich hilfreich, wenn der Patient:

- die Tatsache seiner Erkrankung zunächst leugnen darf und ihm die Wahrheit nicht aufgenötigt wird,
- selbst entscheidet, wem die Diagnose mitgeteilt wird,
- von seiner Biografie, seinen Lebenserfahrungen und der Art seiner Krisenbewältigung verstanden wird,
- in einer für ihn verständlichen Sprache die wesentlichen Sachverhalte erfährt und nachvollziehen kann,
- Zeit hat, die Informationen zu verinnerlichen,
- gefragt wird, was er verstanden hat und welche Befürchtungen, Ängste und Probleme ihn belasten.

Die Mitteilung der Diagnose ist jedoch nur ein erster Schritt, um zwischen Arzt, Patient und Angehörigen eine vertrauensvolle Beziehung aufzubauen. Wenn sich diese Beziehung durch eine wahrhaftige Aufklärung auch in Zukunft festigt, kann sie sich bis in die finale Phase des Sterbens hinein als tragfähig erweisen.

Sterbephasen und Reaktionsmuster

Vor mehr als vierzig Jahren hat die Schweizer Ärztin und Sterbeforscherin Elisabeth Kübler-Ross (1971) in ihren Interviews mit Sterbenden einen Weg aufgezeigt, um Sterbende in ihren unterschiedlichen Reaktionen besser zu verstehen. Diese Bewältigungsmechanismen ordnet sie fünf einzelnen Phasen zu. Zugleich weist sie darauf hin, dass diese unterschiedlich lang sind, einander ablösen oder auch nebeneinander existieren. Es handelt sich bei den Sterbephasen also keinesfalls um einen genormten linearen Prozess, sondern einen individuellen Weg, der von Person zu Person unterschiedlich verläuft. Dieser Ansatz von Kübler-Ross erschließt Angehörigen und Pflegenden bis zum heutigen Tag einen Zugang zum Verständnis, wie Schwerkranke und Sterbende sich mit ihrer Situation auseinandersetzen, sie verdrängen, neue Wege suchen oder in ihr Sterben einwilligen.

Übersicht über die Sterbephasen

- Erste Phase: Reaktionsmuster Nichtwahrhabenwollen und Isolation
- Zweite Phase: Reaktionsmuster Zorn
- Dritte Phase: Reaktionsmuster Verhandeln
- Vierte Phase: Reaktionsmuster Depression
- Fünfte Phase: Reaktionsmuster Zustimmung

Diese Reaktionsmuster, die Kübler-Ross beschrieben hat, um besser zu verstehen, wie Menschen sich mit ihrer lebensbedrohlichen Krankheit auseinandersetzen, bieten aber auch ein Raster, um mit anderen Krisen- und Verlustsituationen besser umzugehen.

Bereits ein Autounfall löst Unverständnis aus. Der Fahrer fragt sich, wie das passieren konnte, und er erzählt die Situation immer und immer wieder bis er sie begreift. Er reagiert mit Wut und Zorn auf sich oder die Gegenseite und versucht zu verhandeln, um zu einer Lösung zu kommen. Bevor er innerlich zustimmt, die Verantwortung dafür übernimmt, kann es dennoch zu einer Verstimmung kommen (je nach Höhe des Schadens und der Möglichkeit, ihn auszugleichen). Ob die Zustimmung erreicht wird, sei einmal offen gelassen.

Nichtwahrhabenwollen und Isolation

Wenn ein Mensch unvermittelt mit der Diagnose Krebs konfrontiert wird, löst das in aller Regel eine radikale Verneinung, ein Nichtwahrhabenwollen, einen Schock aus, um sich zu schützen. Damit Angst, Ohnmacht und Furcht nicht ausufern, bietet uns die Psyche einen Puffer an, der uns bewahrt vor unbegreiflichen, schmerzlichen und ängstigenden Erfahrungen. Diese Art der Verdrängung errichtet um die Person einen Schutzwall, der ihr hilft, nicht zusammenzubrechen.

Frau E., eine 60-jährige Frau, erinnert sich, welche Gedanken und Emotionen die Diagnose Brustkrebs in ihr auslöste.
Interviewer: „Wie war das für Sie, als Sie diese Mitteilung erfahren haben?"
Frau E.: „Ja, das war furchtbar. Da warst du wütend, da warst du eigentlich sauer und wütend und dass da ein fremder Mensch sagt: ‚Du hast Krebs.'"
Interviewer: „Eine Ungeheuerlichkeit."
Frau E.: „Ja, ja. Jemand Fremdes, obwohl du keine Schmerzen hattest, nichts, du hast gelebt wie immer. Und dann sollte das Krebs sein."
Interviewer: „Haben Sie diese Diagnose mit Sterben und Tod verbunden?"
Frau E.: „Ich hab das abgelehnt, ich hab das nicht angenommen. Ich sag: ‚Das kann nicht sein, die irrt sich oder so. Das muss ja nicht sein. Es stellt sich vielleicht raus, das ist vielleicht gar nicht so. Oder man schiebt das weg, man nimmt das nicht an'."
Interviewer: „Fehldiagnose?"
Frau E.: „Ja, man kann das nicht, denn es ging mir ja gut."
Interviewer: „Und dadurch ist man auch erst mal geschützt."
Frau E.: „Vielleicht baut man irgendwie 'ne Mauer um sich auf. Gut war, dass die Ärztin gesagt hat: ‚Das ist ja kein Todesurteil

mehr heutzutage. Es kann gut behandelt werden. Wir müssen nur wissen, wie es eben aussieht, aber es gibt Behandlungsmöglichkeiten. Wir haben viele Möglichkeiten, das zu behandeln. Aber trotzdem, erst mal wollte man das überhaupt nicht annehmen.'"

Die Äußerungen von Betroffenen sind in dieser Situation oft stereotyp:

- Das kann nicht wahr sein!
- Die haben sich getäuscht!
- Ich habe doch immer gesund gelebt!
- Die Untersuchungsergebnisse sind ganz gewiss vertauscht!
- Zur Not werde ich eine zweite Meinung einholen!

All diese Aussagen schützen vor der Auseinandersetzung mit der eigenen Sterblichkeit und den Fragen, die im Moment nicht zugelassen werden. Das ist vollkommen natürlich und eine vorübergehende Erscheinung, ehe sich der Kranke seiner Diagnose stellt. Aber auch im weiteren Verlauf der Krankheit gibt es immer wieder wechselnde Momente, in denen sich der Patient dem Ernst seiner Lage zuwendet, um sich dann wieder einmal nur der freudvollen Seite des Lebens zu widmen und die Gedanken an Sterben und Tod vollkommen beiseitezuschieben.

So erzählen Patienten von Erinnerungen an ihr zurückgelegtes Leben, von ihren Kindern, ihrer beruflichen Tätigkeit, von ihrem Interesse an der Natur, der Freude am Chorgesang oder von sportlichen Aktivitäten. Diese individuelle Bilanz des Lebens nachzufragen und zu bestätigen, verhilft dazu, sich als wertvollen Menschen zu begreifen. Und noch immer gibt es Freuden, die auch gegenwärtig zu genießen sind.

„Eine junge Frau“, so berichtet eine Pflegedienstleiterin einer hämatologischen und onkologischen Station, „liegt seit Wochen bei uns. Wir kennen sie schon zweieinhalb Jahre. Krebs im Endstadium, Alkoholikerin. Sie ist uns allen vertraut, wir mögen sie. Es geht ihr schlecht, sie isst und trinkt nicht mehr. Eine sehr junge Krankenschwester übernimmt die Spätschicht. Bei der Übergabe sagt sie: ‚Ich werde Frau D. die Lippen mit Bier befeuchten. Das wird ihr gefallen.'"

Ja zu sagen zur Bilanz des eigenen Lebens mit all seinen Licht- und Schattenseiten, aber auch die kleinen Freuden des Augenblicks zu genießen, sind wertvolle Erfahrungen am Lebensende. Wo das Leben wirklich gelebt ist, fällt auch der Abschied leichter.

In der Phase des Nichtwahrhabenwollens werden Sie als Angehörige unterschiedliche Verhaltens- und Reaktionsmuster beobachten. Dazu zählen:

- der Schockzustand,
- die Leugnung und Verdrängung der Diagnose,
- Arztwechsel,
- die sofortige Auseinandersetzung mit der Diagnose,
- Rückzug und Isolation als innere Annäherung an die Situation und möglicherweise
- eine Suizidgefährdung bei einer vernichtenden Diagnose.

Ihnen als Angehörige wird es leichter fallen, bestimmte Verhaltensweisen zu verstehen, wenn Sie:

- die Verdrängungsmechanismen Ihrer schwer erkrankten Familienangehörigen als Schutzfunktion begreifen,
- sich die Sorge für Ihren nahen Angehörigen zugestehen,
- Gesprächspartner suchen, denen Sie sich anvertrauen, um nicht in eine Isolation zu geraten,
- keine Versprechen abgeben, die Sie nicht abschätzen oder einhalten können und

- den Mut finden, Gefühle zuzulassen und diese miteinander zu teilen.

Zorn

Wenn das Reaktionsmuster des „Nichtwahrhabenwollens“ nicht mehr aufrechterhalten werden kann, da die Realität der Krankheit mehr und mehr Raum beansprucht, der OP-Termin unausweichlich feststeht oder Chemotherapie und Bestrahlung ihren Tribut fordern, folgt eine Phase, in der Zorn, Neid und Wut stärker hervortreten.

So schwer diese Emotionen auszuhalten sind, wenn sie sich gegen Angehörige oder Pflegende richten, so sind sie doch ein wesentlicher Schritt, um zu akzeptieren, dass der Patient sich der Krankheit stellt. Indem er seinen Zorn auf andere verschiebt, indem er ihnen vorwirft, was sie übersehen haben, setzt er sich indirekt mit seiner Krankheit auseinander und begreift Schritt für Schritt, dass sie ihn wirklich betrifft und er sich ihr nicht auf Dauer verschließen kann. Zugleich lässt er Dampf ab und steht der Situation nicht mehr ganz so ohnmächtig gegenüber.

Eine Pflegekraft, die einen an Krebs erkrankten Patienten betreut, berichtet verärgert, wie er ihr täglich Vorhaltungen macht. „Nichts machte ich ihm recht. Einmal hatte das Wasser nicht die rechte Temperatur, dann kam ich zwei Minuten zu früh und ein anderes Mal reagierte er richtiggehend aggressiv und beleidigend. Bisher hatte ich immer alles in mich hineingefressen, doch in diesem Moment brach es aus mir heraus. ‚Ich gebe mir wirklich viel Mühe mit Ihnen, aber ich frage mich auch, ob hinter Ihrem ständigen Kritisieren nicht ganz andere Sorgen und Nöte stecken?‘ Am anderen Morgen sagte er dann, dass es ihm leid täte, aber seine Sorgen seien so groß, dass er nicht mehr ein noch aus wüsste. ‚Ich bin mit mir und der Welt noch lange nicht im Reinen. Schön, dass Sie es gespürt und angesprochen haben. Sie möchten doch auch noch nicht mit 52 Jahren sterben.'"

Das Reaktionsmuster „Zorn", das Kübler-Ross als die zweite Phase in den Mittelpunkt rückt, hat unterschiedliche Facetten, die mit den Emotionen Wut, Ärger, Groll und Neid eng zusammenstehen. Wenn wir fragen, was hinter diesen Emotionen und Affekten steht, so liefert uns die Frustrations-Aggressionstheorie eine plausible Antwort. Ein Ereignis, das einengt, wirklich frustriert, welches nicht verarbeitet werden kann und dem nichts entgegenzusetzen ist, ruft Aggressionen hervor. Diese aggressiven Äußerungen bewirken ein Abreagieren, einen emotionalen Ausgleich. Wenn Angehörige und Pflegende darauf verständnisvoll eingehen, leisten sie eine wirksame Hilfe, um sich besser mit der Krankheit auseinanderzusetzen. In der Phase des Zorns werden Sie als Angehörige unterschiedliche Verhaltens- und Reaktionsmuster beobachten. Dazu zählen:

- aggressive Äußerungen von Zorn, Wut und Neid,
- Auseinandersetzungen mit der Frage „Warum gerade ich?",
- aggressive Äußerungen gegenüber Pflegenden und Angehörigen,
- überzogene Sonderwünsche und Forderungen, wohl auch um die eigene Ohnmacht zu verringern,
- Neid auf die Lebenden, die noch nicht gehen müssen,
- Anklagen gegen Gott und die Ungerechtigkeit in der Welt.

Ihnen als Angehörige wird es leichter fallen, bestimmte Verhaltensweisen zu verstehen, wenn Sie:

- die Reaktionen von Wut und Zorn Ihrer Familienangehörigen zulassen, nicht beschwichtigen,

- begreifen, dass sie notwendig sind, um sich der Situation zu stellen,
- sich selbst Freiräume zugestehen und familiäre oder professionelle Unterstützung organisieren,
- eigene Frustrationen abbauen, indem Sie sich körperlich bewegen oder Ihren Hobbys nachgehen,
- Hilfe und Unterstützung zusichern, aber auch daran erinnern, was bisher bewältigt wurde, um Kräfte zu wecken für das, was im Moment ansteht.

Verhandeln

In diesem Stadium ist die Erkenntnis gewachsen, dass die Krankheit unweigerlich zum Tode führt und nicht mehr abzuwenden ist. Diese schmerzvolle Erkenntnis drängt und bittet um Aufschub, versucht klug und auch listig zu verhandeln und zu feilschen, um eine Fristverlängerung des Lebens zu erhaschen. „Wenn ich das noch miterlebe, dann will ich einstimmen und bin bereit zu gehen.“ Doch meist folgen dann die nächste Bitte und das nächste Versprechen.

Ein Hospizbewohner, der es genoss, ein glänzender Redner zu sein, wollte wenigstens noch ein Mal in häuslicher Umgebung für seine Frau eine Geburtstagsrede halten. Dann wäre alles gut. Da er aufgrund seiner Erkrankung dazu nicht mehr in der Lage war, ging er auf den Vorschlag ein, ein Symbol für seine Frau auszuwählen. Er entschied sich für eine Rose. Natürlich versuchte er dennoch, ein paar Sätze zu formulieren. Wenige Tage, nachdem er sich von den Strapazen erholt hatte, sagte er:

„Weihnachten zu Hause, das wäre das Allergrößte und Schönste, dann könnte ich gehen …“

Dieses Verhandeln kann sich auch in dem Versuch äußern, sich alternativen Heilungsmöglichkeiten zuzuwenden. In diesem Suchen erlebt sich der Einzelne aktiv. Er ist der Situation nicht ohnmächtig ausgeliefert und kann seinen Wunsch auf Heilung mit einem Versprechen untermauern (eine Stiftung einzurichten, vom Rauchen abzulassen, eigene Schuld wiedergutzumachen). In der Phase des Verhandelns werden Sie als Angehörige unterschiedliche Verhaltens- und Reaktionsmuster beobachten. Der Patient:

- nimmt den Prozess seiner unheilbaren Erkrankung an,
- verhandelt und feilscht dennoch um eine Fristverlängerung des Lebens, um ein paar gute Tage,
- verspricht, seinen Besitz zu veräußern oder im Falle der Heilung, sein Leben radikal zu ändern (Wunderheilung),
- wendet sich alternativen Heilungsmethoden zu.

Ihnen als Angehörige wird es leichter fallen, bestimmte Verhaltensweisen zu verstehen, wenn Sie:

- begreifen, dass sich hinter dem Verhandeln der Wille zum Leben regt (Du wünschst Dir so sehr, dass …),
- Ihren Schwerkranken unterstützen, um seine Wünsche zu realisieren, und ihn begleiten, wenn er wahrnimmt, was unerfüllt bleibt.

Depression

Das Reaktionsmuster „Depression“ ist ein notwendiger Schritt in der Auseinandersetzung mit der unheilbaren Krankheit. Schwerkranke beklagen ihr Schicksal, indem sie um das trauern, was sie verloren haben. Das betrifft ihre körperliche Unversehrtheit, den Verlust ihrer beruflichen Rolle, wenn sie ihren Arbeitsplatz nicht mehr ausfüllen können, den Verlust von Freunden, die sich zurückziehen, aber auch ihre sich verändernde Rolle in der Familie.

Die Klage, was nicht mehr geht und welche Verluste den Patienten niederdrücken, beschreibt im Kern diesen Zustand psychischer Niedergeschlagenheit. Depression ist vom lateinischen Verb „deprimere" = unterdrücken, niederhalten abgeleitet. Dieses Reaktionsmuster ist aber nicht mit der psychischen Störung der Depression gleichzusetzen. Wenn der Kranke diese Verluste beklagt, wird seine Trauer lebendig. Er bleibt nicht allein mit ihr und zeigt seine Verzweiflung. Diese Trauerarbeit ist hilfreich, um loszulassen und für das offen zu sein, was ihm an begrenzten Lebensmöglichkeiten bleibt. Für Pflegende und Angehörige ist es nicht leicht, diese Seite zuzulassen, da sie ihre eigene Ohnmacht spüren.

Neben der Klage über die bereits eingetretenen Verluste weist Kübler-Ross aber auch auf die Verluste hin, die noch ausstehen. Indem der Schwerkranke diese ahnt, vorwegnimmt und sich darauf vorbereitet, hilft diese Klagearbeit, sich dem letzten Abschied zu nähern und sich vielleicht auch der eigenen Bilanz der unerledigten Dinge zu stellen.

Dieser Niedergeschlagenheit werden Sie als begleitende Angehörige in der Regel emotional im Wege stehen, weil sie schwer zu ertragen ist. Schwerkranke spüren ihre Ohnmacht, nicht mehr alles regulieren zu können, sie plagen sich mit Verlustängsten herum und fragen sich, wie es weitergehen wird. Manchmal verhalten sie sich ihren Angehörigen gegenüber fordernd, wütend und ungerecht. Als pflegende Angehörige wiederum sollten Sie auf Ihren Schwerkranken zugehen, ihn behutsam begleiten und sich fragen, woher seine Unzufriedenheit kommt, damit Sie diese nicht auf sich beziehen. Eine angespannte familiäre Pflegesituation kann aber auch trennen und isolieren, besonders dann, wenn es schwer fällt, offen miteinander zu sprechen.

In der Phase der Depression werden Sie als Angehörige unterschiedliche Verhaltens- und Reaktionsmuster beobachten. Dazu zählen:

- Rückzug und Trauer um die körperliche Unversehrtheit, Verlust der beruflichen Rolle und die sich ändernde familiäre Situation,
- Abschied vom Leben, das den Kranken erfüllte,
- Trauer um den bevorstehenden Tod,
- die Fragen: „Wann ist so weit? Wie viel Zeit bleibt mir?" und
- die Bilanz der unerledigten Dinge.

Ihnen als Angehörige wird es leichter fallen, bestimmte Verhaltensweisen zu verstehen, wenn Sie:

- begreifen und zulassen, dass die Verluste real sind,
- für die gemeinsame Wegstrecke danken und versichern, die gegenwärtige Situation miteinander auszuhalten,
- eigene Trauer zulassen, gemeinsam Verluste beklagen, praktische und emotionale Unterstützung suchen und
- offene Dinge klären und sich an Schönes erinnern.

Zustimmung

Kübler-Ross beschreibt das Reaktionsmuster der Zustimmung als einen Zustand, der fast frei ist von allen Emotionen. Die Reaktionsmuster der einzelnen Sterbephasen sind mehr oder weniger abgearbeitet, das Interesse an der Außenwelt nimmt rapide ab, die Kommunikation im nonverbalen Bereich zu. Das Leben ist in seiner Fülle gelebt und bejaht, sodass sich am Ende des Lebens eine innere Zustimmung einstellt. Diese Zustimmung wird aber nicht von allen erreicht, besonders dann nicht, wenn die Zeit fehlt oder auch die Kraft oder die Fähigkeit, darüber zu sprechen und sich dem eigenen Sterben Schritt für Schritt anzunähern.

> „Ein Patient", so berichtet eine Palliativmedizinerin, „litt an einem Tumor in der Ohrspeicheldrüse. Da war wirklich schon das halbe Gesicht weggefressen und es roch unangenehm. Er hat immer noch so den Harten gespielt und seine Schmerzen nicht so richtig mitgeteilt, weil er hauptsächlich seine Frau schützen wollte, aber auch die anderen Angehörigen. Die waren da so richtig geschult drin. Sie haben immer gesagt: ‚Nee, wir können doch mit ihm über so was nicht sprechen. Wir müssen ihn schützen.' Das war die klassische Situation. Ich war dann mit dem Patienten allein. Es war wirklich ein Elend, diesen Menschen zu sehen mit seinen Schmerzen und wie er versuchte – man sah das richtig – sich zusammenzunehmen und seine Stärke zu bewahren. Und dann hab ich irgendwann gesagt: ‚Es ist doch wirklich, es ist doch alles wirklich Scheiße.' Das hat in dieser Situation irgendwie gepasst. Da kullerten ihm die Tränen und da sagte er: ‚Ja, genau, ganz genau.'
> Der Familie erzählte ich von unserem Gespräch. Später rief die Schwiegertochter an und hat sich bedankt. Seit diesem Gespräch ging alles viel leichter in der Familie, und zwar für beide Seiten. Da hat sich wirklich etwas gelöst, für alle war das dann erträglicher."

Die Zustimmung zum Sterben ist für den Schwerkranken ebenso wenig selbstverständlich wie für seine Angehörigen. Sie fällt aber dort leichter, wo die Zeit für die Auseinandersetzung mit dem eigenen Sterben eine Annäherung ermöglicht und ein erfülltes Leben seinen Abschluss findet. Diese Zustimmung ist aber manchmal auch nur ein Schrei nach Erlösung, um endlich befreit zu sein. Sie ist kein moralisches Pflichtprogramm, das ich anderen oder mir abfordere, aber anderen und mir durchaus wünsche. In der Phase der Zustimmung werden Sie als Angehörige unterschiedliche Verhaltens- und Reaktionsmuster beobachten. Dazu zählen:

- Phasen der Ermüdung und Erschöpfung,
- nachlassendes Interesse an der Außenwelt,
- zunehmende Wahrnehmung, dass es zu Ende geht,
- Schweigen als Zeichen inniger Verbundenheit und des Rückzugs,
- körperliche Kontaktaufnahme, um vertraute Nähe zu spüren,
- die Fähigkeit, sich der Bilanz der unerledigten Dinge gestellt zu haben und loszulassen. Oft gerade dann, wenn Angehörige auch nur für kurze Zeit abwesend sind.

Ihnen als Angehörige wird es leichter fallen, bestimmte Verhaltensweisen zu verstehen, wenn Sie:

- den Rückzug des Schwerkranken und Sterbenden zulassen,
- Körperkontakt und Nähe suchen,
- gemeinsam Stille genießen und
- für die gemeinsame Zeit danken, eine gute Reise wünschen.

2 Wie wir Abschied nehmen

„Der ist der glücklichste Mensch der das Ende seines Lebens mit dem Anfang in Verbindung setzen kann." (J. W. Goethe)

Wie ist es uns im Laufe unseres Lebens gelungen, Abschied zu nehmen? Welche Erfahrungen haben uns in unserer Kindheit, der Pubertät oder im mittleren Lebensalter geprägt, um Krisen standzuhalten und abschiedlich leben zu lernen? Abschiedlich zu leben heißt, loszulassen:

- meine Vergangenheit,
- lieb gewordene Gegenstände,
- meine Ideen und Träume,
- meine Heimat oder mein Wohnumfeld,
- meine Arbeit,
- Haustiere,
- meine Gesundheit,
- Stationen meines Lebens,
- Menschen, die wir für längere Zeit nicht sehen werden, und
- Menschen, von denen wir uns für immer verabschieden müssen.

Die oben genannten Fragen ermutigen jeden von uns, sich mit der eigenen Lebensgeschichte auseinanderzusetzen, um die eigenen Denk- und Handlungsmuster und die unserer Angehörigen besser wahrzunehmen und zu verstehen.

Abschiedliches Leben in Bildern

Welche Bilder und Vorstellungen werden in uns aktiviert, wenn wir an Abschied denken? Abschiede, die wir alltäglich vollziehen, und Abschiede, die in unserer Psyche lange nachwirken und schwer zu durchleben sind? Was sind die Sorgen und Ängste von Angehörigen, wenn es unmittelbar auf das Sterben zugeht? Was wird in uns ausgelöst, wenn sterbende Angehörige verwirrt und unruhig sterben oder gerade in den Augenblicken, wenn wir nicht anwesend sind? Wie kann es uns gelingen, uns so zu verabschieden, dass wir ihnen Raum lassen für ihren Weg, der uns voneinander trennt? Wie können wir am Sterbebett Abschied nehmen?

Abb. 1: Abschied nach einem Kurzurlaub
(Zeichnung: Magdalena Hasse)

Magda, eine 55-jährige Mutter, erinnert sich an den Abschied von ihrer Tochter nach einem schönen Kurzurlaub zu Hause. Die Wolke steht für die Tränen, da sie ihre Tochter sehr vermisst. Die Sonne sieht sie als Symbol für den Weg, den ihre Tochter gegangen ist.

Die Scheidung von ihrem Mann war für Johanna, eine 48-jährige Erzieherin und Heilpädagogin, ein gravierender Einschnitt. „Unser Haus musste verkauft werden, allein in einer Luftblase, frei im Fall, ungeschützt und die alleinige Verantwortung für meine drei Kinder." Rückblickend ist sie aus dieser Situation dennoch gestärkt und nicht verbittert hervorgegangen.

Der Tod von nahen Angehörigen beeinflusst auch, wie wir mit späteren Abschieden umgehen und uns mit unserem eigenen

Abb. 2: Scheidung von meinem Mann

Abb. 3: Abschied von meinem Opa

Sterben auseinandersetzen. Diese Erfahrungen können es uns schwer machen, Abschied zu nehmen. Sie können uns aber auch eine Hilfe sein, denn Abschiede gehören zu unserem Leben.
Petra, eine 43-jährige Krankenschwester, erinnert sich in ihrem Abschiedsbild an ihren Opa, der einen plötzlichen Tod gestorben ist, als sie zweieinhalb Jahre alt war. Die Worte, die ihr dazu rückblickend einfallen, spiegeln ihre Gefühle. „Nein, Ohnmacht und Hilflosigkeit, nichts tun können und allein sein mit dem Schmerz."

Elke, 44 Jahre, erinnert sich: „Ich habe damals mein Kind bewusst nicht auf die Welt gebracht. Das war sehr schwer. Ich dachte vorher nie, dass ich so in den Kreislauf der Natur eingreifen würde. Ich habe mein ungeborenes Kind unter der Kastanie in meinem Garten beerdigt. In seinem Grab liegen eine Rose,

Abb. 4: Grab meines ungeborenen Kindes (Zeichnung: Elke Michael)

ein Stein und der Schwangerschaftstest. Auch heute sitze ich manchmal unter der Kastanie, denke an mein Kind und manchmal rede ich mit ihm – meinem Bruno."

Der lange Abschied von ihrer Oma, die an Demenz erkrankte, löst in Heike, einer 54-jährigen Frau, noch immer unterschiedliche Gefühle und Erinnerungen aus. „Abschied von Oma. Das Abgleiten in die Demenz. Die lange Zeit bis zum Tod. Zerrissenheit in mir: Sie im Leben zu unterstützen und zu begleiten, war mir ein Herzensbedürfnis. Die Trauer um unsere sich auflösende, bewusste Beziehung zu spüren, tat unendlich weh. Noch immer aber bewundere ich ihren Stolz und ihre Kraft, mit der sie das Leben gemeistert hat."

Abb. 5: Abschied von Oma, die an Demenz erkrankte

Kindheitsmuster

Wenn ich mir Zeit nehme, die Muster meiner Kindheit anzusehen und zu verstehen, begreife ich besser, wie ich geworden bin und wie ich reagiere. Darüber hinaus gewinne ich auch ein besseres Verständnis für andere.

Mit den Prägungen und Kindheitsmustern, die wir in den ersten sechs Lebensjahren erfahren, hat sich Fritz Riemann (1995) in seiner tiefenpsychologischen Studie *Grundformen der Angst* intensiv auseinandergesetzt und eine Persönlichkeitstypologie entfaltet, die die inneren Antriebe und Ängste anschaulich beschreibt. Charakteristisch für seine Studie ist, dass er unterschiedliche Grundformen der Angst beschreibt und sie einzelnen Persönlichkeitsausprägungen zuordnet.

Angst ist Ausdruck unserer Befindlichkeit in der Welt und spiegelt zugleich unsere Abhängigkeiten in ihr wider. Wenn Angst eine Grundbefindlichkeit menschlicher Existenz ist, so gilt es doch aber auch, Gegenkräfte zu entwickeln, in denen sich menschliche Schöpferkraft, Mut und Vertrauen entfalten.

Die Nähe suchende depressive Persönlichkeit

Diese Persönlichkeit besitzt die Fähigkeit, sich in andere einzufühlen, Gefühlstiefe und Innigkeit zu leben, für andere da zu sein und ein harmonisches Umfeld zu gestalten. Ihre eigenen Bedürfnisse nimmt sie weniger ernst, sorgt sich gern um andere und bringt für die erstrebte Harmonie Opfer in Form von Verzichtsbereitschaft, Friedfertigkeit und Selbstlosigkeit. Wer selbstlos lebt, gerät aber in Gefahr, sein eigenes Selbst zu verlieren. Die eigenen Bedürfnisse und Wünsche werden hintangestellt, damit es anderen gut geht. Im Grunde ist es dieser Persönlichkeit wichtig, dass andere von ihr abhängig sind. Das vermittelt ihr die Sicherheit, nicht verlassen zu werden, denn Trennungen fallen ihr unheimlich schwer, wie es ihr auch an Mut fehlt, Selbstständigkeit und Unabhängigkeit zu wagen. So steht sie in der Gefahr, permanent ausgenutzt zu werden, zumal sie Bitten nicht abschlagen kann und das Wort „Nein“ in ihrem Wortschatz nicht vorkommt.

Diese Ausprägungen sind nicht zufällig, sondern machen auf den lebensgeschichtlichen Hintergrund aufmerksam, der diese Entwicklung begünstigt. Eltern, die ihre Kinder im Übermaß verwöhnen, immer für sie da sind, fällt es schwer, ihre Kinder loszulassen. Sie binden die Kinder zu sehr an sich, sodass es ihnen schwerfällt, sich eigenständig zu entwickeln. Das Kind bleibt in einer passiven Erwartungshaltung stecken und entwickelt wenig Initiative und eigene Aktivitäten.

> „Meine Mutter", so berichtete ein Sohn, „hat mir in der Advents- und Weihnachtszeit erzählt, wie die große Muttertanne im Wald geschlagen wurde, um den Striezelmarkt in Dresden zu schmücken. Die Kindstanne jedoch blieb allein im Wald zurück. So brachte sie mir jedes Jahr aufs Neue bei, wie gut ich es doch bei ihr habe."

Neben der allzu großen Verwöhnung von Kindern werden diese aber auch überfordert, wenn ihre Bedürfnisse nicht wahrgenommen werden und sie gleichsam nach der Uhr versorgt werden. Damit prägt sich das Lebensgefühl aus, dass von der Welt nicht mehr zu erwarten ist. Gerade bei Personen mit depressiven Anteilen kommt es zu einer Gedankenbildung, in der das eigene Selbst, die Welt und die Zukunft in einem negativen Licht erscheinen. Die Fähigkeit, sich am Leben zu freuen und es aktiv zu gestalten, geht mehr und mehr verloren.

Um diese negativen Denkmuster abzustreifen, ist es wichtig, sie in Frage zu stellen und ihre Folgen im eigenen Erleben, Denken und Handeln kritisch zu sehen. Um der eigenen Angstseite zu begegnen, also der Angst vor Unabhängigkeit und Selbstständigkeit, muss die depressive Persönlichkeit versuchen, sich diesen Ängsten zu stellen. Die Überzeugung *„Ich tue und mache auch, was ich will"*, wäre ein erster mutiger Schritt.

Die Einstellung gegenüber Tod und Sterben kann sich darin äußern, dass der Tod als Erlösung angesehen wird. Den Tod des Partners zu begreifen und allmählich ein selbstständiges Leben zu führen, fällt der depressiven Persönlichkeit besonders schwer, da sie enge und intensive Beziehungen führt und eigene Wünsche zurückstellt. Pflegende Angehörige aus diesem Strukturkreis sind:

- einfühlsame Begleiter,
- vermitteln Wärme und Geborgenheit,
- leben oft in einer symbiotischen Beziehung,

- lassen körperliche Nähe zu,
- gehen auf die Wünsche ihrer Angehörigen ein.

Sie müssen darauf achten:

- Ruhepausen einzuhalten und Grenzen zu setzen,
- Selbstfürsorge nicht zu vernachlässigen,
- sich etwas Gutes zu gönnen,
- Schuldgefühle zu begrenzen und
- pflegerische Hilfe zu suchen und anzunehmen.

Die unabhängige schizoide Persönlichkeit

Im Gegensatz zur Nähe suchenden depressiven Persönlichkeit strebt die unabhängige schizoide Persönlichkeit danach, auf niemanden angewiesen zu sein, selbstständig und autark zu sein, also genau das zu leben, was der Nähe suchenden depressiven Person Angst bereitet. Die Angstseite hingegen lebt bei ihr dann auf, wenn sie mit zu viel Nähe konfrontiert wird. Daher geht sie zu ihren Mitmenschen lieber auf Distanz und vermeidet die persönliche Kontaktebene, während sie die sachliche Ebene bevorzugt. Überhaupt legt sie Wert auf die rationale Ebene, auf Intellekt und Bewusstsein, während sie ihren Gefühlen eher misstrauisch gegenübersteht. Ihre Schwierigkeit liegt eindeutig auf der Kontaktebene, nicht in einem Mangel an intellektueller Klarheit und Leistungsfähigkeit.

Diese einseitige Ausrichtung hat ihre lebensgeschichtlichen Hintergründe in einem Mangel an altersgemäßer Geborgenheit in der frühesten Kindheit oder in einer Reizüberflutung, sodass sich das Kind in beiden Fällen zurücknimmt und nach außen verschließt. So macht es sich sowohl unverletzlich gegenüber dem Mangel an Wärme als auch gegenüber dem Überreiz aus der Umwelt. Daher bildet sich der Wunsch nach Unabhängigkeit heraus, der im Bewusstsein dieser Persönlichkeit tief verankert ist.

Das Alter macht der schizoiden Persönlichkeit weniger zu schaffen, da sie es gewohnt war, für sich zu sorgen. In dem Moment allerdings, wo sie auf Pflege angewiesen ist, wird das Alter für sie zu einer starken Belastung. Den Tod fürchtet sie weniger, sondern begreift ihn eher als ein Naturgesetz, das zu respektieren ist. Da sie zudem weniger in Menschen und Beziehungen investiert hat, fällt es ihr nicht so schwer, loszulassen. Pflegende Angehörige aus diesem Strukturkreis:

- werden Pflegemöglichkeiten ausloten und die Pflege organisieren,
- streben nach rationalen Lösungen, sind offen für naturwissenschaftliche Methoden,
- werden auch Schuldgefühle rational erörtern,
- werden intensive Kontakte und emotionale Wärme schwer aushalten,
- werden aus Angst vor Selbsthingabe ihren eigenen Pflegeanteil begrenzen und
- werden ihre Unabhängigkeit und Selbstständigkeit zu bewahren wissen.

Die verlässliche zwanghafte Persönlichkeit

Während zwischen der unabhängigen und Nähe suchenden Persönlichkeit das Gegensatzpaar „Nähe und Distanz“ dominiert, drängt zwischen der verlässlichen und freiheitsstrebenden Persönlichkeit das Streben nach Struktur, Ordnung und Sicherheit auf der einen Seite und Freiheit auf der anderen Seite in den Vordergrund.

Die verlässlich zwanghafte Persönlichkeit sucht das Beständige, das, was von Dauer ist und ihr Leben strukturiert. Die Angstseite, die bei ihr lebendig wird, tritt immer dann auf, wenn Veränderungen oder Spontaneität gefordert sind. Ihr erstes Streben ist jedoch stets darauf ausgerichtet, alles so zu belassen wie es schon immer war. Sie hält an Grundsätzen starr fest, begegnet allen Neuerungen und Veränderungen eher mit Skepsis und entwickelt ein hohes Sicherheitsbedürfnis, das zur Lebensmaxime erhoben wird. Daher pflegt sie Traditionen und bewahrt sie. Allerdings stemmt sie sich auch gegen den Strom des Lebens, will ihn anhalten und begrenzen. So neigt sie in der extremen Ausprägung ihrer Persönlichkeitsanteile dazu, pedantische Ordentlichkeit zu pflegen, sich und andere gewissenhaft zu kontrollieren, wobei es ihr schwerfällt, unmittelbar und unbeschwert zu leben. Selbst- und Fremdkontrolle hingegen werden zu einem starken Antrieb.

> Als eine zwanghafte Persönlichkeit erzählte, dass seine Frau in diesem Jahr ‚seinen' Hochzeitstag vergaß, wurde er gefragt, wie er darauf reagiert. Seine unverzügliche Antwort: „Ich darf ihn im nächsten Jahr vergessen, dann sind wir wieder quitt."

Im Extremfall kann es bei diesen Persönlichkeiten auch zu Zwangshandlungen kommen. Diese schützen vor Spontaneität und vermitteln die Sicherheit, alles zu kontrollieren. Selbst wenn sie einsehen, wie sinnlos diese Handlungen sind, so müssen sie diese doch ausführen. Zu den Zwangshandlungen zählen Gedanken- und Grübelzwänge, Putz-, Wasch- und Kontrollzwänge. Natürlich spielen auch Zeit, Geld und Pünktlichkeit für sie eine außerordentliche Rolle. Gerade diese drei führen oft zu Konflikten. Personen mit gesunden Anteilen vermitteln Halt und Orientierung, sie sind verlässlich und stehen zu dem, was sie zugesagt haben.

Lebensgeschichtliche Prägungen, die diese Entwicklung befördern, liegen in einer harten und unerbittlichen Erziehung, die den Eigenwillen des Kindes einengt. Das betrifft zum einen den Umgang mit Geboten und Verboten, die streng befolgt werden müssen, zum anderen eine rigide Sauberkeitserziehung, sodass die eigene Spontaneität als gefährlich wahrgenommen wird. Verlässliche zwanghafte Personen entwickeln schnell den Hang zum Perfektionismus, der sie selbst antreibt und wenig Zufriedenheit zulässt, da ja alles immer noch besser sein könnte.

Der Umgang mit Sterben, Tod und Endlichkeit weist unterschiedliche Möglichkeiten auf. Ein besonders ausgeprägter Eigenwille kann auch das Sterben schwer machen. Andererseits ist der Tod die letzte Realität, der es sich zu unterwerfen gilt. Zwanghafte Personen streben danach, Vorsorge zu treffen, ihr Testament zu schreiben oder die eigene Trauerfeier bis ins Detail zu planen. Selbst für die Trauerrede liefern sie die Bausteine oder lassen die Rede bereits zu Lebzeiten schreiben. Wenn sie diese Haltung nicht entwickeln, kann es auch dazu kommen, Sterben und Tod aus ihrer Lebenswirklichkeit zu verbannen. Pflegende Angehörige aus diesem Strukturkreis:

- achten auf klare Strukturen und Absprachen,
- haben Angst vor Veränderungen,
- legen Wert auf sachliche Erklärungen,
- entwickeln ein hohes Kontrollbedürfnis,
- sind dankbar, wenn sie langfristig auf Veränderungen hingewiesen werden und
- stehen treu und verlässlich zu dem, was sie gesagt haben.

Die freiheitsstrebende hysterische bzw. histrionische Persönlichkeit

Der Begriff der „hysterischen Persönlichkeit“, den Riemann in seinem Klassiker für eine der vier Grundtypen prägte und vom Altgriechischen hystéra (Gebärmutter) abgeleitet ist, löst, zumal in der Verbindung mit dem Begriff „Hysterie“, eher negative Assoziationen aus. Im Klassifikationssystem für psychische Störungen der ICD 10 wurde er durch den Begriff der „histrionischen Persönlichkeit“ (Dilling 2011) ersetzt. Dieser Begriff, der vom lateinischen Wort „histrio“ abgeleitet ist, bedeutet Schauspieler und charakterisiert die Persönlichkeit in ihrem Kern.

Sie strebt im Gegensatz zur verlässlich zwanghaften Person unbändig nach Freiheit und Veränderung. Sie sprengt alle engen Fesseln, wehrt sich gegen Traditionen und Verpflichtungen, die sie einengen, festlegen oder begrenzen. Sie lebt in der Tat gegenwärtig, versteht das Leben zu genießen und widersetzt sich den engen Vorschriften und starren Ordnungen des Lebens. Auch die Realität mit ihren alltäglichen Forderungen ist ihr eher lästig und unattraktiv. Sie strebt nach neuen Reizen, ist überaus risikofreudig und der Zukunft gegenüber offen.

Eine Frau, die dem verlässlichen Persönlichkeitstyp zuneigt, berichtet erschrocken von der ersten Fahrt im neuen Auto, als ihr Partner begeistert ausrief, dass dieses Auto, was ihnen gerade entgegenkommt, das nächste sei, das er sich zulegen werde. Für sie war das schwer nachzuvollziehen.

Was der histrionischen Persönlichkeit Angst einflößt, sind Altern und Tod (sie verlässt sich sehr auf ihr Aussehen und ihre Ausstrahlung), der Umgang mit der Wirklichkeit und festen Verpflichtungen, die lebensbedingten Abhängigkeiten und die genaue Auflistung von Ursache und Wirkung. Möglichen Konsequenzen, denen sie sich zu stellen hat, entzieht sie sich, indem sie immerzu in der Gegenwart lebt, so als ob es keine Vorgeschichte gegeben hätte. Das Leben beginnt dann eben für sie erst mit dem heutigen Tag. Großzügig geht sie auch mit Zeit, Pünktlichkeit und Zeitplanung um. Sie versteht es, sich erfolgreich Verpflichtungen zu entziehen, auch ihre Lebensgeschichte der jeweiligen Situation anzupassen, doch fehlt es ihr gerade deshalb an Kontinuität und einer gesunden Ich-Stärke. Im Extremfall weiß sie vor lauter Rollenspielen oft nicht, wer sie eigentlich selbst ist.

Auch wenn sich diese Persönlichkeit von ihren Anlagen her durch Kontaktfreudigkeit, Geltungsbedürfnis und Spontaneität auszeichnet, so wird die bestimmende Prägung auch ihrer Person durch familiäre Einflüsse geformt. Wenn von Kindern zwischen dem vierten und sechsten Lebensjahr Einsicht, Verantwortlichkeit und Realitätsprüfung verlangt werden, so hat es ihnen in dieser Zeit an Vorbildern, Ordnung und Struktur gefehlt. Sie erlebten eher ein schillerndes Milieu, das zwar interessant und bunt erschien, dem es aber an Stetigkeit und klaren Orientierungen fehlte. Eltern, die in schwierigen Beziehungen stehen und versuchen, das Kind auf ihre Seite zu ziehen, sind begünstigende Faktoren für diese Persönlichkeitsentwicklung.

> Ein Sohn erzählt zunächst begeistert davon, dass er immer Freunde mit nach Hause bringen durfte. Es war immer spannend und interessant. Doch im Nachsatz folgt die Einschränkung: „Wenn ich die Tür öffnete, wusste ich jedoch nie, was mich erwartete. Wenn ich aus den Ferien nach Hause zurückkam, wusste ich nie, ob meine Eltern noch zusammen lebten."

Kinder werden so in eine Rolle gedrängt, leben eine Fassade, um wahrgenommen und beachtet zu werden (Eisprinzessin, strahlend fröhliches Kind) und stehen in der Gefahr, sich selbst zu verlieren, keine eigene Identität zu erlangen.

Den Umgang mit Sterben und Tod versuchen sie beiseitezuschieben. Es gilt, die Illusion ewiger Jugend solange wie möglich aufrechtzuerhalten, um attraktiv zu bleiben und bewundert zu werden. Das ist das, was sie erstreben und ihrem Leben ewige Strahlkraft verleiht. Da sie den Tod aus ihrem Leben verdrängen, hinterlassen sie oft ein Chaos, weil nichts geordnet und geregelt ist. Andererseits kann aber auch der eigene Tod benutzt werden, um ihn zu inszenieren, den Abgang von der Bühne des Lebens

Tab. 1: Übersicht zur Persönlichkeitstypologie nach Fritz Riemann

	Die Nähe suchende depressive Persönlichkeit	**Die unabhängige schizoide Persönlichkeit**	**Die verlässliche zwanghafte Persönlichkeit**	**Die freiheitsstrebende hysterische bzw. histrionische Persönlichkeit**
Streben nach	Nähe, Geborgenheit bis hin zur Selbstlosigkeit und Selbstaufgabe	Unabhängigkeit, Selbstständigkeit und Distanz	Sicherheit, Dauer, Ordnung, Verlässlichkeit und Struktur	Freiheit, intensivem Leben und neuen Reizen
Angst vor	Selbstbehauptung, Trennung und dem Alleinsein	Nähe, Abhängigkeit und enger Bindung	Veränderungen, plötzlichen Herausforderungen und spontanem Erleben	engen Grenzen, Unfreiheit, extreme Furcht, festgelegt zu sein, keinen Spielraum zu besitzen
Angstbewältigung	Machen andere von sich abhängig, um gebraucht zu werden, oder zeigen sich hilflos, um andere zu binden	Distanz auf der sozialen Ebene, Rationalisierung, Verstandesebene im Vordergrund gegenüber der emotionalen Ebene	Vorsicht ist die Mutter der Porzellankiste, Voraussicht und Planung auf lange Sicht	Sachverhalte, Ziele und Wünsche relativieren; offen lassen, sich nicht in Abhängigkeiten begeben
Beziehungsebene	Streben nach engen und intensiven Beziehungen, starke Empathie, aber wenig Fähigkeit zur Abgrenzung	Beziehungen werden über die Sachebene gesteuert, Einsamkeit, Isolation und Unsicherheit auf der Kontaktebene	Klar strukturierte Beziehungen, in denen Anforderungen und Aufgaben präzis geklärt sind;	Schnelle Kontaktaufnahme; spontan und unmittelbar; gern im Mittelpunkt stehend, aber auch fähig, eine Gesellschaft zu unterhalten
Liebesbeziehung	Symbiotische Beziehungen, die wenig Freiraum lassen; Extreme: starkes Klammern oder erpresserisches Verhalten, um Partner zu binden	Lieben wird als sich Ausliefern wahrgenommen; Sexualität und Gefühl werden getrennt, Liebe im Abstand, Wochenendbeziehung	Wenig Emotionalität und unmittelbare Freude; andererseits hohe Verlässlichkeit; dominantes Verhalten, klare Regeln	Intensives Erleben in der Partnerschaft mit dem Ziel, bewundert zu werden; häufige Partnerwechsel

	Die Nähe suchende depressive Persönlichkeit	Die unabhängige schizoide Persönlichkeit	Die verlässliche zwanghafte Persönlichkeit	Die freiheitsstrebende hysterische bzw. histrionische Persönlichkeit
Aggressionsmuster	Aggressionen werden schwer zugelassen; Dulderrolle, Klagen, Jammern, Lamentieren und starke Schuldgefühle	Aggression als Schutzfunktion vor dem Ausgeliefertsein	Angst vor übermäßigen Emotionen (Strafangst); „Ich muss mich zusammennehmen"; im Beruf Kontrollfunktionen ausleben	Spontan und lebendig, nicht nachtragend; Aggression wird für das eigene Geltungsstreben eingesetzt; Intrige eine Form der Aggression
Berufsfelder	Soziale Berufsfelder, in denen sie für andere da ist; Pflegeberufe, therapeutische und soziale Handlungsfelder	Theoretisch-abstrakte Berufsfelder (Ingenieur, Mathematiker), selbstständige Tätigkeitsfelder, kein Teamarbeiter, Sachebene	Berufsfelder, in denen Präzision und Macht dominieren; (Militär, Beamte, Richter, Politik)	Mit suggestiver Ausstrahlung und der Möglichkeit, bewundert zu werden und andere zu überzeugen; Fotomodel, Schauspieler
Gesprächsmuster und -inhalte	negative Klagemuster wie übertriebene Sorge für andere als bevorzugte Gesprächsinhalte	Zynismus und Ironie, um Distanz herzustellen	Klar und sachlich orientierte Gesprächsführung; unabhängig von Emotionen; dafür Regeln und Verhaltensmuster vorgebend	Redegewandt und fantasiereich, fabulierend und unterhaltsam; aber andere an den Rand drängend
Verhalten in Krisen	Wenig Initiative und Fähigkeit, Situationen selbst zu ändern; starkes Klammern; Hilfe von außen erwartend: „Ich kann das nicht ändern!"	Allein durchdenken, um Abstand zu gewinnen, rationale Bewältigung, Orientierung an wissenschaftlichen Methoden	In Krisen werden neue Regeln aufgestellt, um Krisen zu meistern; Spontane Anforderungen verunsichern	Verantwortung wird nicht wahrgenommen; das Leben beginnt erst mit dem heutigen Tag; Anpassung an die jeweilige Situation; Fluchtverhalten
Wirkung auf andere Personen	hilfsbereit und unfähig, „nein" zu sagen; lassen sich ausnutzen, starkes Harmoniebedürfnis, nehmen sich zurück	Person erscheint kühl, distanziert, unnahbar bis kalt; schwer Zugang zu finden, besonders auf der emotionalen Ebene	Hohe Verlässlichkeit, Hang zum Perfektionismus, eng, starr und intolerant	Dominant, faszinierend, wenig zuverlässig; sie entwickeln Visionen, ohne sie umzusetzen; ständiges Rollenspiel; sich anpassend; nicht echt

als Event zu gestalten. Pflegende Angehörige aus diesem Strukturkreis:

- setzen sich selten intensiv pflegerischen Prozessen aus,
- meiden eher diese Begegnungen, um nicht mit der eigenen Sterblichkeit konfrontiert zu werden,
- werden aber auch diese Situation nutzen, damit die Aufmerksamkeit auf die eigene Person gerichtet bleibt.

In Tab. 1 sind die einzelnen Erlebens-, Denk- und Verhaltensmuster der Persönlichkeitstypologie nach Riemann zusammengefasst, um die einzelnen Persönlichkeitsprägungen besser wahrzunehmen. Dabei geht es nicht um eine moralische Bewertung, sondern um ein tieferes Verstehen der einzelnen Persönlichkeit.

Aufstand in der Pubertät

Wenn Riemann in seiner Charakterstudie den einzelnen Persönlichkeiten bestimmte Grundformen der Angst zuordnet, so macht er doch darauf aufmerksam, dass die Auseinandersetzung mit der Angst einen Entwicklungsschritt herbeiführt, während das Ausweichen vor der Angst uns in unserer Entwicklung hemmt. Daher konstatiert er, dass es alters- und entwicklungsgemäße Ängste gibt, denen sich jeder Mensch im Laufe seines Lebens zu stellen hat, um in seiner Entwicklung voranzukommen.

Entwicklungspsychologische Ansätze beschreiben in Phasen oder Stadien die Entwicklung der Persönlichkeit. So knüpfte Erik H. Erikson (1902–1999) an die Lehre der psychosexuellen Entwicklung nach Sigmund Freud (1856–1939) an, ging jedoch über sie hinaus, indem er einen vollständigen Lebenszyklus der Persönlichkeit in acht Stadien vom Säuglingsalter bis ins hohe Alter entfaltete. Im Mittelpunkt seines Ansatzes steht für ihn die Frage nach der Identität der Persönlichkeit, die sich jeweils im Spannungsfeld zwischen zwei entgegengesetzten Polen bewegt.

Für die Zeit der Adoleszenz gelingt es nach Erikson dann die eigene Identität auszubilden, wenn Jugendliche ihre neue Rolle in Liebe, Partnerschaft und im Beruf annehmen. Dazu gehört die Fähigkeit, sich abzugrenzen, zu rebellieren, um die eigene Identitätsfindung voranzubringen. Wenn es nicht gelingt, die neuen Rollen selbstbewusst zu leben, wird die eigene Identität gebremst. Es kommt zu einer „Rollendiffusion", die sich darin äußert, sich mit keiner neuen Rolle identifizieren zu können.

Robert J. Havighurst (1900–1991), der *das Konzept der Entwicklungsaufgaben* (Havighurst 1974) ausarbeitete, stellte heraus, dass Glück und Erfolg davon abhängen, bestimmte Entwicklungsaufgaben zu bewältigen. Er geht von neun Entwicklungsperioden aus, denen er jeweils bestimmte Aufgaben zuordnet. Während er für die Adoleszenz (13–17 Jahre) vor allem körperliche Reifung, Gemeinschaft mit Gleichaltrigen und heterosexuelle Beziehungen benennt, konstatiert er für das Jugendalter (18–22 Jahre) die Ablösung von den Eltern (Autonomiezuwachs), Identität in der Geschlechtsrolle, berufliche Identität und ein verinnerlichtes moralisches Bewusstsein.

Erste Bilanz in der Mitte des Lebens

Die zentrale Herausforderung, die im mittleren Lebensalter ansteht, beschreibt Erikson als Aufgabe, eine Familie zu gründen und eine neue Generation ins Leben zu begleiten, aber auch Kulturwerte zu tradieren, produktiv und kreativ Leben zu gestalten. Das familiäre Leben ist einerseits dadurch bestimmt, dass die Kinder noch zu Hause leben, andererseits beanspruchen die eigenen Eltern mehr Aufmerksamkeit, Zuwendung und Fürsorge. Daher ist für die Generation zwischen Jugend und Alter der Begriff „Sandwichgeneration" recht plausibel.

Das Bewusstsein für die Vergänglichkeit, aber auch die zunehmende Erfahrung, wie einzigartig und begrenzt die eigene Lebenszeit ist, führt in der Lebensmitte oft zu einer ersten Lebensbilanz. Diese kreist um die Fragen:

- Worauf bin ich stolz?
- Was will ich noch verwirklichen?
- Was bleibt mir noch an Lebenszeit?
- War das schon alles?

Je nachdem wie die Antwort ausfällt, passt sich der Einzelne der Situation an, gestaltet sie bewusst oder strebt nach größeren Veränderungen. Dieser Wunsch nach Veränderung bricht besonders da auf, wo der Einzelne massive Defizite wahrnimmt, sich von seinem Lebensideal weit entfernte und zugleich die Kraft spürt, seiner Persönlichkeitsentfaltung mehr Raum zu geben. Diese Veränderung kann durch eine starke innere Motivation ausgelöst werden, aber auch durch eine Krise, die dem Einzelnen eine Veränderung abverlangt.

> Eine 45-jährige Frau erzählt, wie sie zunächst versuchte, ihrem Vater alles recht zu machen, um von ihm Liebe und Anerkennung zu erfahren. „Meinem Mann gegenüber verhielt ich mich später ganz ähnlich. Wir zogen nach dem Studium in eine Stadt, die ihm gefiel, und nicht in die, die mir am Herzen lag. Seinem Hobby opferte ich viel Zeit, während ich meine Hobbys vernachlässigte. Inzwischen hat er mich wegen einer jüngeren Frau verlassen. Im Moment kümmere ich mich um meine beiden Söhne, damit es ihnen gut geht. Eigentlich habe ich noch gar nicht gelebt, bin nur gelebt worden.“

Diese Einsicht weckte in ihr den Mut, ihr Leben zu überdenken und neu zu gestalten. Auch wenn dieser Prozess nicht ohne Zweifel, Angst und Trauer ablief, so hat er in ihr doch einen tief greifenden Wandel bewirkt. Sie entdeckte ihre eigenen Bedürfnisse und verwirklichte sie Schritt für Schritt. Zur Identität gehört der Mut, die eigene Autonomie zu wagen, sich abzugrenzen und auf sich selbst zu besinnen. Oft ist die zweite Lebenshälfte gerade dadurch geprägt, vernachlässigte Seiten zu beleben, eine neue Balance zu finden.

Auch wenn Krankheiten, Trennungen, Schicksalsschläge oder der Verlust der Arbeit die eigene Identität gehörig in Frage stellen, so nimmt der Tod eines Lebenspartners oder eines nahen Angehörigen in der Auflistung kritischer Lebensereignisse doch einen Platz ganz oben ein. Die Erfahrung der eigenen Sterblichkeit wird besonders dann intensiv wahrgenommen, wenn die eigenen Eltern gestorben sind und ich selbst in der natürlichen Abfolge der Generationen einen Schritt nach vorn vollzogen habe.

„Meine Mutter", so erzählt Frau N., „erkrankte an Brustkrebs. Sie war der Mittelpunkt unserer Familie und eigentlich nie wirklich krank. Nach Operation und Bestrahlung mit furchtbaren Folgeerscheinungen wie verbrannter Haut, Erbrechen und allem, was man sich vorstellen kann, traf uns die Diagnose der Ärzte schwer. Wir können nichts mehr tun! Was nicht sein darf, wird nicht angenommen, nicht wahrgenommen und dadurch auch totgeschwiegen. Aus meiner heutigen Sicht der größte Fehler. Es gab keine Gespräche über Ängste und Wünsche. Versuche meiner Mutter, über das Unvermeidbare zu sprechen, haben wir ignoriert oder überhört. Sie starb, für uns sehr überraschend, allein in der Krebsklinik, obwohl fast immer jemand von der Familie bei ihr war. Die Zeit danach war für uns alle eine leere, schlimme Zeit, jeder gefangen in Gedanken und Vorwürfen, aber auch mit einem Gefühl der Zusammengehörigkeit."

Mit der Krebserkrankung ihrer Mutter veränderte sich ihr Wahrnehmen, Denken und Empfinden über den Sinn des Lebens und des Todes radikal, speziell ihre Einstellung zur Endlichkeit. Die folgenden Fragen ermutigen Sie vielleicht, Ihre eigene Lebensbilanz aufzumachen, einmal innezuhalten, um den eigenen Lebensweg bewusster wahrzunehmen und neu abzustecken.

Meine Lebensbilanz in der Mitte des Lebens:

Was wollte ich in meinem Leben erreichen?
Womit bin ich zutiefst zufrieden?
Womit bin ich gegenwärtig unzufrieden?
Was sind meine Erwartungen, meine Ressourcen und Wünsche für die Zukunft?
Kann ich mir vorstellen, nahe Angehörige im Sterben zu begleiten?
Was sind Hemmnisse, die ich spüre? Welche guten Erfahrungen ermutigen mich dazu?
Was hat mir bisher in Krisen konkret geholfen?
Was möchte ich im Umgang mit Krisen ändern?

Bilanz am Ende des Lebens

Wenn der Mensch im Alter Bilanz zieht, blickt er auf sein gesamtes Leben zurück, versucht es zu bewerten und ihm einen Sinn zu geben. Wenn er das eigene Leben mit all seinen Licht- und Schattenseiten bejaht, so hat er nach Erikson die Stufe der Weisheit erreicht.

Schwer fällt es hingegen dann, ins eigene Sterben einzuwilligen, wenn den Kranken schwere Kümmernisse im Leben halten. Manchmal ist es ein verzweifeltes Ausharren bis zu dem Zeitpunkt, wo Sterbende beruhigt loslassen.

In einem Falle konnte eine Bewohnerin eines Altenpflegeheimes nicht sterben, weil sie die letzte Rate für das Auto ihres Sohnes noch nicht bezahlen konnte. Völlig abgemagert, aber mit wachem Verstand, verrieten nur noch ihre Augen die große Not, die sie erleben musste. Erst als der Sohn zu ihr kam und sie ihm das Geld geben konnte, fand sie die Ruhe zum Sterben.

Wo der Rückblick auf das eigene Leben Bitterkeit, Ekel und Scham auslöst oder Trauer über das hervorruft, was der Einzelne getan oder versäumt hat, verwendet Erikson den Begriff „Verzweiflung".

Die Verzweiflung am Leben tritt aber nicht nur da zu Tage, wo der Einzelne auf sein Leben zurückblickt und Bilanz zieht, sondern auch da, wo das zukünftige Leben nicht mehr lebenswert erscheint.

Eine Patientin, die noch im höheren Alter geistig rege und in ihren beruflichen Aufgaben tiefe Erfüllung fand, erfuhr die Diagnose einer schweren Tumorerkrankung. Damit änderte sich ihr Leben radikal. Sie wurde aufgeklärt, was alles an Verlusten in kürzester Zeit auf sie zukommt: Einschränkungen des Sehfeldes, Einbußen im geistigen Bereich und in der Kommunikation. All das, was ihrem Leben Sinn, Orientierung und Halt gab. Da das nicht mehr ihr Leben war, beendete sie es selbst, denn dieses andere konnte sie nicht akzeptieren.

Für ein erfülltes Leben führt Erikson die Fähigkeit an, das eigene Leben mit seinen Erfolgen *und* Enttäuschungen als zugehörig zur eigenen Lebensgeschichte zu begreifen. Darin drückt sich die tiefe Gewissheit einer aktiven Anteilnahme am Leben aus. Beteiligt fühlt sich der Einzelne am Leben:

- wenn er in einer familiären Tradition verwurzelt ist,
- wenn er in der Abfolge der Generationen seinen Platz gefunden hat,

- wenn er stolz ist auf seine berufliche Lebensleistung oder
- wenn er die Krisen seines Lebens gemeistert hat.

„Ich habe“, so berichtet Frau T. dankbar, „in meiner Kindheit erlebt, dass Tod und Sterben im Leben integriert waren. Dies begann im Umgang mit der Natur, bei der Bewirtschaftung des Gartens. Zur Grabpflege wurde ich mit auf den Friedhof genommen. Großonkel und Großtante, bei denen wir wohnten, erzählten mir vom Krieg und den Einschlägen in unser Haus, von den Toten unserer Familie. Sie sprachen von dem frühen Tod ihrer Mütter, von Armut, von dem Tod kleinerer Geschwister. Mir wurden die schweren Erfahrungen der vorherigen Generation nicht vorenthalten. Das hilft mir heute, das Leben mit Verlusten und Leid anzuschauen und es nicht nur als eine Wohlfühlpackung zu sehen.“

All das sind Bausteine, die eine Lebensbilanz prägen. Wenn diese Sinnerfahrung im Rückblick auf das eigene Leben gelingt, die Verbindung zwischen dem Anfang und dem Ende des Lebens, dann wird die Furcht vor dem Tod schwinden, weil der Einzelne zufrieden auf sein Leben zurückblickt und es in seiner ganzen Fülle bejaht.

In welcher Persönlichkeit erkennen Sie sich am ehesten, wenn Sie noch einmal Riemanns Persönlichkeitstypologie betrachten? Was prägt Ihren Umgang mit Krisen?
Was sind Ihre wesentlichen Gefühle, Denk- und Verhaltensmuster in Krisenzeiten?
Notieren Sie sich, was Ihnen bisher konkret in Krisen geholfen hat und was Sie im Umgang mit Krisen ändern möchten.
Überlegen Sie, inwiefern sich im Laufe Ihres Lebens auch Ihre Einstellung gegenüber Krisen gewandelt hat.

3 Sterben zu Hause

Wenn ein Krankheitsprozess voranschreitet und eine Heilung nicht mehr zu erreichen ist, dann wird die häusliche Sterbebegleitung für Sie als Angehörige zu einer Herausforderung, die all Ihre Kräfte beansprucht. Es bleibt oft keine Zeit, sich darauf einzustellen und zu überlegen, wie die Pflege gut zu organisieren, körperlich und emotional zu verkraften ist, wenn sie sich bis in die letzten Tage des Sterbens hinein erstreckt.

Der Wunsch freilich, zu Hause zu sterben, steht in Umfragen unangefochten an erster Stelle. Wie aber kann dieser Wunsch realisiert werden? Welches Netzwerk steht pflegenden Angehörigen zur Verfügung und wie können sie sich schützen, um nicht körperlich zusammenzubrechen und emotional auszubrennen? All das sind Fragen, die immer wieder aufs Neue konkret zu entscheiden sind.

Die Wünsche der Sterbenden

Zahlen und Fakten

Zwischen den Wünschen, wo jemand gern sterben möchte, und den Zahlen und Fakten, wo heutzutage in Deutschland gestorben wird, besteht eine beträchtliche Differenz. Wenn zu Beginn des 20. Jahrhunderts fast 80 Prozent der Menschen zu Hause gestorben sind, so sind es am Anfang unseres Jahrhunderts lediglich noch 20 bis 25 Prozent. Der Ort des Sterbens hat sich in die Krankenhäuser und Pflegeheime verlagert.

Wenn heute ca. 75 Prozent der Menschen in Krankenhäusern und Pflegeheimen sterben, so verdeutlicht das den Prozess der

Institutionalisierung des Sterbens anschaulich. Für diesen Prozess sind triftige Gründe anzuführen. Sie betreffen die Änderung in den Familienstrukturen und die zunehmende Mobilität des Einzelnen, das Älterwerden der Menschen und langjährige wie schwierige Krankheitsverläufe. Hinzu kommt ein Erfahrungsdefizit im Umgang mit Sterben und Tod. Die Pflege Sterbender wird professionellem Personal in Krankenhäusern, Spezialstationen und Pflegeheimen anvertraut, sodass die eigene persönliche Beziehung nicht wie zu Hause gelebt werden kann. Der Umgang mit Sterbenden, der einseitig auf Medikalisierung und Technisierung ausgerichtet ist, aber auch die überhöhten Erwartungen an eine immerwährende Lebensverlängerung, sind Hemmnisse auf dem Weg zu einem menschenwürdigen Sterben.

Stellen wir der Auflistung, wo gestorben wird, die Wünsche gegenüber, wo Menschen am liebsten sterben möchten, so ist die Differenz erheblich. In einer Spiegelumfrage (Bredow et al. 2012, 118) äußern zwei Drittel der Befragten den Wunsch, in häuslicher Umgebung zu sterben, wohl ahnend, dass hier Wunsch und Wirklichkeit nicht zwangsläufig übereinstimmen. Die Hospizbewegung in Deutschland hat jedoch mit ihren gegenwärtig 80.000 ehrenamtlichen Hospizhelfern ein stabiles Fundament dafür gelegt, dass Schwerkranke auch zu Hause sterben können.

Ehrenamtliche Hospizhelfer begleiten Sterbende und ihre Angehörigen im häuslichen Bereich wie im stationären Hospiz und werden dafür ausgebildet und von hauptamtlichen Koordinatoren begleitet. Diese Begleitung für Schwerkranke und ihre Angehörigen ist kostenfrei.

Hospizbewegung und Palliativmedizin

Die Hospizbewegung in Deutschland entwickelte sich aus einer Bürgerbewegung, die sich in den 90er Jahren des vorigen Jahrhunderts etablierte und das Ziel verfolgte, Sterbende ganzheitlich

zu pflegen und liebevoll zu betreuen. In England setzte die Hospizbewegung früher ein.
Cicely Saunders (1918–2005) gründete 1967 in London das St. Christopher's Hospiz, das der modernen Hospizbewegung ein Leitbild vermittelte, in dem die Schmerztherapie und die Linderung der körperlichen Symptome wie die menschliche Zuwendung und Begleitung im Zentrum standen. Als Krankenschwester und Ärztin hat Cicely Saunders schwerkranke Menschen gleichsam aus zwei Perspektiven erlebt und gespürt, dass Krankenhäuser kein so guter Ort zum Sterben sind, weil sie sich vorrangig der Aufgabe verpflichtet fühlen, Menschen die erkrankt sind, wieder zu heilen.

Eine Stationsschwester berichtet, wie sie im September 1979 am ersten Tag ihrer Ausbildung zur Krankenschwester auf einer chirurgischen Station mit Tod und Sterben konfrontiert wurde. „Die Schwestern nahmen mich mit zum Betten. Dabei fiel mir ein alter, sehr abgemagerter Mann auf, der röchelnd und mit halbgeschlossenen Augen in seinem Bett lag. Sein Laken wurde nicht glatt gezogen, seine Kissen nicht aufgeschüttelt, er wurde nicht angesprochen. Er wurde einfach übersehen.
Im Laufe des Vormittags wurde der alte Mann auf eine klapprige Trage gehoben und dann ins Stationsbad geschoben, abgeschoben! Ich bekam die Aufforderung aufzupassen. Auch ich wurde dann ins Bad geschoben, reingeschoben!! Ängstlich, frierend und völlig verzweifelt stand ich nun da. Wut kam in mir hoch, Wut gegen die Schwestern. Ich war total mit mir beschäftigt und habe mich nicht eine Sekunde um den Sterbenden gekümmert. Meine Hand auf der Türklinke war ich stets bereit, das Stationsbad bei Gefahr fluchtartig zu verlassen.
Plötzlich fiel mir die Stille auf, das Röcheln war nicht mehr zu hören. Sehr zögerlich trat ich an die Trage heran, nahm

> seine Hand und suchte seinen Puls. Nichts! Kein Puls, keine Atmung. Zitternd, weinend, fast schon schreiend verließ ich das „Totenzimmer“ und lief über den Flur ins Schwesternzimmer. Sie forderten mich auf, nicht so einen Krach zu machen. Niemand sollte mitbekommen, dass soeben jemand gestorben war. Dann kamen die Angehörigen, da war der Tote schon nicht mehr auf Station, sondern bereits in der Leichenhalle. Das Personal ging der Familie aus dem Weg, kein Händedruck, keine tröstenden Worte.“

Durch die Hospizbewegung und die Palliativmedizin in Deutschland hat die Begleitung Sterbender in den letzten 30 Jahren eine neue Ausrichtung erfahren. Dazu tragen stationäre Hospize bei, in denen Schwerkranke gepflegt und Angehörige begleitet werden. Aufgenommen werden Schwerkranke, deren Lebenszeit begrenzt ist und deren Krankheit fortschreitet und nicht mehr geheilt werden kann. Wenn die heilende (kurative) Behandlung sich aufgrund der fortgeschrittenen Erkrankung erschöpft, tritt an ihre Stelle eine palliative Behandlung, in der die Schmerzlinderung und die Stärkung der Lebensqualität im Mittelpunkt stehen. Eine palliative Behandlung im Hospiz kommt bei folgenden Krankheitsbildern in Betracht:

- Krebserkrankungen,
- das Vollbild der Infektionskrankheit Aids,
- neurologische Erkrankungen und
- chronische Nieren-, Leber-, Herz- oder Lungenerkrankungen im Endstadium.

Durch die Einrichtung von Palliativstationen in deutschen Krankenhäusern werden Patienten frühzeitig medizinisch betreut, um körperliche Beschwerden zu dämpfen und eine gezielte Schmerzmedikation vorzunehmen. Im Unterschied zum Hospiz ist eine ständige ärztliche Präsenz vorhanden. Die Verweildauer der Patienten ist gegenüber dem Aufenthalt im Hospiz allerdings wesentlich stärker begrenzt.

Palliativstationen sehen ihre erste Aufgabe darin, medizinische Kriseninterventionzu leisten und die Patienten nach dieser Behandlung wieder nach Hause zu entlassen, während für Hospize die Begleitung Sterbender am Lebensende im Vordergrund steht. Hospiz- und Palliativpflege praktizieren eine begleitende Fürsorge, die im Begriff „Palliative Care" der Weltgesundheitsorganisation aus dem Jahre 2002 folgende konkrete Ziele verfolgt.

„Palliative Care

- *... bietet Entlastung von Schmerzen und anderen belastenden Symptomen an;*
- *... betont das Leben und betrachtet Sterben als einen normalen Prozess;*
- *... hat die Absicht, den Eintritt des Todes weder zu beschleunigen noch ihn hinauszuzögern;*
- *... integriert psychologische und spirituelle Aspekte der Fürsorge für die Kranken*
- *... bietet ein Unterstützungssystem für Familien an, um die Belastungen während der Krankheit der PatientInnen ebenso zu bewältigen wie später die eigene Trauer."* (Student 2007, 10)

Ein Netzwerk knüpfen: Bausteine für die häusliche Lebens- und Sterbebegleitung

Stationäre Einrichtungen wie Palliativstationen und Hospize sind Bausteine, die die häusliche Lebens- und Sterbebegleitung ergänzen oder ablösen. Inwiefern entlastet der Aufenthalt auf einer Palliativstation oder in einem Hospiz Schwerkranke und ihre Angehörigen? Welche weiteren Angebote stehen ihnen darüber hinaus im Netzwerk für die häusliche Lebens- und Sterbebegleitung zur Verfügung?

Palliativstationen übernehmen Patienten aus der Häuslichkeit, um sie zu stabilisieren, Schmerzen und andere medizinische Symptome zu lindern. Im Einzelfall kann auch eine schwierige soziale Situation vorliegen, extreme Spannungen in der Familie oder ein Erschöpfungssyndrom bei Angehörigen, die es erfordern, stützende Maßnahmen für die ambulante Weiterversorgung zu organisieren. Ziel ist es, die Patienten wieder in die Häuslichkeit zu entlassen.

Ein Hausarzt hatte Frau D., 80 Jahre alt, auf einer sächsischen Palliativstation zur Stabilisierung angemeldet, weil bei ihr ein Magenkarzinom festgestellt wurde und die Patientin zu Hause 14 Tage weder essen noch trinken konnte. „So kam Frau D.", wie eine Schwester berichtete, „auf unsere Palliativstation, auch auf Drängen des Ehemannes, da seine Frau immer schwächer wurde und er sich keinen Rat mehr wusste.

Das größte Problem bereitete der Patientin eine unwahrscheinlich große Mundtrockenheit, die mir sofort an ihren rissigen Lippen auffiel. Sie hatte ein starkes Durstgefühl, konnte aber nichts trinken und hatte ständig Angst vor dem Erbrechen. Wir boten ihr als Erstes einen Eiswürfel an, den sie langsam im Mund zergehen ließ. Das fand die Patientin einfach großartig. Wir haben ja verschiedene Flüssigkeiten tiefgefroren, aber der Renner sind unsere Sekteiswürfel. Auch Frau D. genoss es, wenn die kleinen Perlen ihre trockenen Schleimhäute ablösten und der Durst sichtlich nachließ. Sie war sehr dankbar dafür und hatte schon augenzwinkernd geäußert, ob sie nicht davon betrunken würde. Auch sonst gingen wir mit langen Gesprächen auf sie ein und taten ihr viel Gutes.

Immer und immer wieder aber beteuerte sie, dass sie doch am liebsten zu Hause wäre. Nach zwei Nächten, in denen sie auch nicht richtig schlafen konnte, äußerte sie, dass man sie doch nach Hause entlassen möchte – dort könne sie wenigstens

schlafen. Ich versprach ihr, es mit unserer Stationsärztin zu besprechen und mich danach um alles zu kümmern, um ihren vordringlichsten Wunsch zu erfüllen.
Nun hatte sie in den drei Tagen körperlich sehr abgebaut und sie merkte sehr wohl ihre schwindenden Kräfte und die damit begrenzte Zeit, die ihr noch blieb. Wir benachrichtigten ihren Ehemann und sicherten ihm alle Hilfen zu, die es für zu Hause gäbe, da er fürchtete, es allein nicht zu bewältigen. Das beruhigte ihn. Zugleich bat ich ihn, dass er für seine Frau etwas vorbereiten könne, nämlich die Sekteiswürfel. Das erstaunte ihn, aber er versprach es zu tun.
So organisierten wir einen Pflegedienst für die Hilfe bei der Körperpflege, beantragten die Pflegestufe, schalteten den ambulanten Hospizdienst mit ein und gaben ihr noch ein paar Flaschen Trinknahrung mit – die hatte sie schluckweise zu sich genommen. Nachdem alles geklärt war, bestellte ich für 14 Uhr den Transport nach Hause und verabschiedete mich von der Patientin. Sie war einfach glücklich und unendlich froh, nach Hause zu können.
Als Rückmeldung vom ambulanten Palliativ- und Hospizdienst hörten wir noch, dass der Ehemann die Eiswürfel vorbereitet hatte."

Wenn die Sterbebegleitung zu Hause nicht mehr zu leisten ist, ist das Hospiz als stationäre Einrichtung für schwerkranke und sterbende Menschen der Ort, wo sie und ihre Angehörigen bis zum Ende ganzheitlich begleitet werden. Hospize sind besondere Pflegeeinrichtungen. Sie sind kein Krankenhaus und kein Heim, auch wenn sie unter das Heimgesetz fallen. Die Tagessätze werden mit den Krankenkassen verhandelt, aber 10 Prozent müssen die Hospize selbst tragen. Die Aufenthaltsdauer im Hospiz ist in den einzelnen Bundesländern unterschiedlich geregelt. In Sachsen wird ein Schwerkranker bis zu einem halben Jahr im Hospiz gepflegt und begleitet, wenn es sein Pflegezustand erfordert. Dass er noch einmal nach Hause zurückkehrt oder ins Heim verlegt wird, ist eher die Ausnahme.

> Christine Ose, Seelsorgerin am Hospiz Advena, Leipzig, erinnert sich an eine Frau, die kam weit über achtzig in einem ganz schlechten Zustand ins Hospiz. „Sie wollte erst gar nichts mehr essen. Und da haben wir sie verwöhnt mit pürierten Erdbeeren und all dem, was sie gern aß. Und dann hat sie sich stabilisiert. Und eines Tages saß sie im Bett und sagte: ‚Ich fress euch noch mal die Haare vom Kopf.' Und sie haben wir dann wirklich nach einem halben Jahr in ein Pflegeheim verlegt. Und dort hat sie sich noch in den Pflegeheimrat wählen lassen. Wir haben sie auch dort besucht und da saß sie in ihrem Rollstuhl und war ganz aktiv. Es gibt aber wesentlich häufiger die umgekehrte Situation, dass jemand in einem relativ guten Allgemeinzustand kommt, ansprechbar und vielleicht noch begrenzt mobil ist und nach fünf Tagen stirbt."

Hospize fungieren als Leuchttürme, die ein Beispiel vermitteln, wie die letzte Lebenszeit für Kranke und Angehörige erleichtert werden kann. Dennoch bleibt der Grundgedanke zentral, die häusliche Sterbebegleitung zu stärken, zumal die Begleitung im Hospiz nur einer sehr eng begrenzten Zahl zuteil wird. Hospize sind für die Begleitung Sterbender sicher die bessere Lösung als das Krankenhaus und manchmal auch die bessere Lösung als das eigene Zuhause. Aber wenn es irgendwie einzurichten ist, so ist doch der grundlegende Hospizgedanke, den Familien zu ermöglichen, ihre Sterbenden zu Hause zu versorgen und zu begleiten.

Um diesen Gedanken mit Leben zu erfüllen, ist ein Netzwerk entstanden, das Sterbende und Angehörige aktiv unterstützt. Zu diesem Netzwerk gehören:

- *Tageshospize*, die für einen Tag in der Woche Menschen mit fortgeschrittener Erkrankung begleiten und pflegerische Hilfen übernehmen. Die Kosten tragen die Krankenkassen. Mit diesem Angebot werden pflegende Angehörige entlastet, um einmal abschalten zu können und neue Kraft zu schöpfen. Auch für die Gäste ist das ein besonderer Tag, an dem sie sich untereinander austauschen und gemeinsam den Tag verbringen. Tageshospize sind in Deutschland allerdings noch nicht weit verbreitet. Oft sind sie einem Hospiz angegliedert.

- *Ambulante Hospizdienste und ehrenamtliche Hospizhelfer.* Diese besuchen Schwerkranke ein bis zweimal pro Woche in ihrer häuslichen Umgebung, hören zu, lesen ihnen etwas vor, übernehmen kleine Hilfeleistungen, reichen das Essen und gehen auf ihre Wünsche und Sorgen ein. Sie spüren aber auch die Belastungen und die Ohnmacht von Angehörigen. Sie weisen sie auf organisatorische und praktische Hilfen hin und ermutigen sie, auch für sich zu sorgen. Ambulante Hospizdienste begleiten Kranke und Angehörige. Sie können aber nicht die Grundpflege leisten.
- *Ambulante Hospiz- und Palliativberatungsdienste*, die Betroffene und Angehörige über ihre Fragen zur Palliativpflege kostenfrei informieren. Sie geben Auskunft zu Rechts- und ethischen Fragen und weisen auf praktisch-organisatorische Hilfen hin, um die Pflege in der häuslichen Umgebung zu erleichtern.
- Leistungen der *allgemeinen ambulanten Palliativversorgung (AAPV)*, die Haus-, Fachärzte und Pflegedienste erbringen, deren Mitarbeiter eine Ausbildung in Palliative Care absolviert haben.
- *Leistungen der spezialisierten ambulanten Palliativversorgung (SAPV)*, die dann in Anspruch genommen werden können, wenn die allgemeine ambulante Palliativversorgung (AAPV) an ihre Grenzen stößt. Erst seit 2007 sind die Krankenkassen per Sozialgesetzbuch (SGB V §37b) zu dieser spezialisierten ambulanten Palliativversorgung verpflichtet, die ärztliche und pflegerische Leistungen vorschreiben. Zu ihnen gehören vor allem:

- Symptomlinderung,
- palliativmedizinische Maßnahmen durch Ärzte und palliativpflegerische Maßnahmen durch Pflegefachkräfte und die Koordination des multiprofessionellen SAPV-Teams,
- Beratung und Unterstützung der Pflegedienste, die weiter die Grund- und Behandlungspflege übernehmen, und die Kooperation mit den Hausärzten,
- apparativ-palliativmedizinische Behandlungsmaßnahmen,
- ein individueller Behandlungsplan, Krisenmanagement und Bedarfsintervention,
- Ruf-, Notfall- und Krisenintervention rund um die Uhr und
- Beratung und Begleitung der Patienten und ihrer Angehörigen wie die Koordination der psychosozialen und seelsorgerlichen Unterstützung.

Mit diesen Aufgaben ist eine Struktur geschaffen, mit der der Hospizgedanke in der Häuslichkeit Einzug hält, nicht nur durch die ehrenamtliche Begleitung, sondern auch medizinisch und pflegerisch, gerade für die Schwerstkranken, die an einer erdrückenden Symptomatik leiden.

Hierzu gehören in erster Linie eine schwere Schmerzsymptomatik, aber auch Luftnot, große Unruhe, Angst, Depressivität und ausgeprägte Wunden. Diese Symptomatik übersteigt besonders dann, wenn sie kompakt auftritt, oft eine hausärztliche Betreuung. Die SAPV-Teams sind in der Tat ein Notdienst für Schwerkranke und Sterbende, der mobile Arm hospizlicher Fürsorge in der Häuslichkeit.

Anfragen, die an die Mitarbeiter der SAPV zur Betreuung von Patienten gestellt werden, gehen zumeist von Kliniken und onkologischen Praxen aus, manchmal von Hausärzten oder auch von Angehörigen, die für Ehepartner oder ihre Eltern dringend um Hilfe nachsuchen. Dann ist eine Verordnung vom Hausarzt einzuholen, um die sich Angehörige oder der Palliativnotdienst kümmert. Wenn der Patient in die Betreuung aufgenommen ist, können Angehörige die Mitarbeiter der SAPV rund um die Uhr erreichen, was für pflegende und begleitende Angehörige ungemein entlastend ist.

Manchmal möchten sie einfach nur reden, etwas loswerden. Ein anderes Mal möchten sie lieber keinen Notarzt anrufen, weil sie befürchten, dass er die Einweisung in eine Klinik vornehmen könnte. Die Zeit, wo Patienten zu Hause leben, hat sich durch den Einsatz der SAPV-Teams erhöht. 80 Prozent der Patienten, die der Leipziger Palliativnotdienst 2012 betreute, konnten in der Häuslichkeit sterben. Das ist ein hoher Prozentsatz, wenn man berücksichtigt, dass es sich um Patienten handelt, die an einer schweren und oft komplexen Symptomlast leiden.

Die Koordination mit den Hausärzten und Pflegediensten ist eine vordringliche Aufgabe der SAPV. Diese erschöpft sich ja nicht nur in der medizinischen Betreuung, sondern erstreckt sich über die psychosoziale Begleitung und die ehrenamtliche Betreuung bis zur Organisation von Pflegemitteln und der intensiven Betreuung von Angehörigen.

Wann aber ist die Pflege zu Hause nicht mehr zu leisten?

„Da sind“, so erklärt die Leipziger Palliativmedizinerin Dr. Ina Schmitzer, „verschiedene Gesichtspunkte zu berücksichtigen. Angehörige, die pflegen, müssen auch in der Lage sein zu pflegen. Da gibt es natürliche Begrenzungen. Wenn Angehörige sehr alt und gebrechlich sind, wenn sie selbst sehr mitgenommen sind von dieser Situation, dann sind sie irgendwann am Ende ihrer Leistungsfähigkeit. Dann wäre das ein Grund für eine Aufnahme in eine Palliativstation, um Angehörige kurzfristig zu entlasten. Und dann kann man immer noch schauen, ob es zu Hause geht oder ob ein Aufenthalt im Hospiz nicht sinnvoller wäre.

Dann gibt es die Situation, wo der Patient eine so schwere Symptomatik aufweist, die zu Hause einfach schwer zu beherrschen ist. Auch das kommt vor. Wiederum gibt es Situationen, wo sich Patienten und Angehörige wünschen, noch einmal ins Krankenhaus zu gehen, weil sie alles versuchen möchten, um ihrem Leben noch Tage oder Monate abzuringen. Da überreden wir auch niemanden, zu Hause zu bleiben. Dafür gibt es auch die Palliativstationen, die ja auch ganz genau den Wünschen dieser Patienten entsprechen.

Der Wille des Patienten steht an erster Stelle. Wenn er sich verwirklichen lässt, dann tun wir das auch. Unsere Fachkompetenz stellen wir lediglich als Angebot zur Verfügung. Sie muss jedoch nicht mit dem Lebenskonzept des Patienten übereinstimmen. Letztlich entscheidet der Patient, was er in Anspruch nimmt und welchen Weg er wählt. Er gibt die Richtung vor, wir sind seine Begleiter."

Die SAVP-Teams bilden für die häusliche Sterbebegleitung ein eigenes gut funktionierendes Netzwerk, das aber noch nicht flächendeckend aufgebaut ist, besonders im ländlichen Raum. Wo es gut funktioniert, wird es durch stationäre Einrichtungen wie Hospize und Palliativstationen sinnvoll ergänzt.

Herausforderungen für begleitende Angehörige

Pflegende Angehörige stehen in der Gefahr, ihre Kräfte schnell aufzuzehren durch äußere wie innere Belastungsfaktoren, die sie am Anfang einer langjährigen Pflege und anschließender Sterbebegleitung zunächst kaum wahrnehmen. Aber Schwerkranken wird es nur dann gut gehen, wenn Pflegende eine gute Beziehung zu Angehörigen finden und diese aufrechterhalten können.

Die Motive für die Pflege eines Schwerkranken und Sterbenden sind unterschiedlich, erfolgen aber doch vor allem aus Gründen der persönlichen Nähe und Beziehung zu den zu pflegenden Angehörigen.

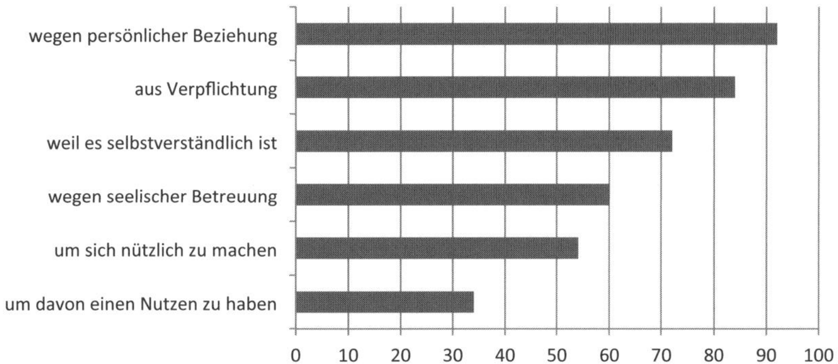

Abb. 6: Motive für die Pflege eines Sterbenden (Quelle: Dreßel et al. 2001, 19 – Angaben in Prozent der Befragten, Nennungen „sehr häufig" und „häufig" zusammengefasst)

Ein Ehemann, der seine Frau fünf Jahre lang pflegte, die an einer schweren neurologischen Erkrankung mit vielen Ausfällen litt, erinnert sich, was ihn ein Chefarzt einer psychiatrischen Klinik fragte. ‚Sie müssen mir jetzt klipp und klar sagen, wenn Sie das alles nicht mehr schaffen. Sie müssen auch an Ihre Gesundheit denken, Sie schlafen ja kaum noch.'
„Nachts bin ich in der Tat kaum mehr zur Ruhe gekommen. Sie hat ja immer gestöhnt bis zu ihrem letzten Tag. Ich hab das alles wegstecken können, hab mal schnell eine Stunde in einer Ecke geschlafen. Wenn sie wieder anfing zu stöhnen, dann war ich wieder gefordert, war für sie wieder da. ‚Bei mir', so der Chefarzt, ‚käme Ihre Frau in eine geschlossene Abteilung. Ich kann sie nicht so pflegen lassen, wie Sie das machen. Ich muss sie ins Bett legen lassen und dann kann es sein, dass sich eine Lungenentzündung einstellt und dann können Sie den Sarg bestellen.' So, was machst du nun, wenn du 45 Jahre und zehn Tage verheiratet bist? Sie hätte mich auch nicht weggegeben. Das ist damals noch ein ganz anderes Verhältnis gewesen. Wir haben wirklich aus Liebe geheiratet und wir konnten uns hundertprozentig aufeinander verlassen. Da war

die Pflege selbstverständlich bis zur Selbstaufgabe. Manchmal hätte ich mir Hilfe gewünscht, aber letztlich habe ich keine gebraucht, war ganz für meine Frau da bis zu ihrem letzten Tag."

Die häusliche Pflege eines Sterbenden wird fast ausschließlich von Angehörigen übernommen und findet innerhalb der Familie statt. Scheidung und Verwitwung verdoppeln die Wahrscheinlichkeit, das Lebensende im Heim zu verbringen, während sich für kinderlose und ledige Personen dieses Risiko um das Vierfache erhöht.

Argumente für ein Sterben in der häuslichen Umgebung:

- Da ist der Wunsch des Sterbenden, in der vertrauten Umgebung zu bleiben, die Obhut und Fürsorge seiner Familie hautnah zu spüren.
- Der Sterbende bleibt in das Familienleben integriert, er nimmt an den Freuden und den Sorgen Anteil, auch wenn er Schritt für Schritt Abschied nimmt.
- Die ärztliche und pflegerische Versorgung sind in der häuslichen Umgebung durch ein SAPV-Team gewährleistet.
- Angehörige erfahren sich selbst als hilfreich und nützlich, indem sie für den Sterbenden da sind und spüren, was ihm gut tut, was er braucht und seinen Gewohnheiten entspricht.
- Die Intimität bleibt in der gewohnten Umgebung gewahrt und lässt körperliche Nähe und ein Beisammensein anders als in der Umgebung eines Krankenhauses oder Heimes zu.
- Bei zunehmender Verwirrtheit kann auch die vertraute häusliche Umgebung stabilisierend wirken.
- Angehörige erleben die Veränderungen mit, nehmen ihre eigene Trauer vorweg und setzen sich damit bewusst auseinander.
- Der Abschied vom Verstorbenen kann in der gewohnten häuslichen Umgebung in Ruhe gestaltet werden.

Argumente gegen ein Sterben in der häuslichen Umgebung:

- Der Wunsch des Sterbenden, im Hospiz oder an einem anderen Ort zu sterben, um Angehörige oder die Familie zu schützen.
- Wo Angehörige nicht am Ort wohnen, durch Berufstätigkeit oder Krankheit nicht in der Lage sind oder sich überfordert fühlen, die Pflege zu übernehmen.
- Die Gegebenheiten in der Wohnung lassen es nicht zu, eine aufwändige Pflege auszuüben.

Mehrfachbelastungen der Angehörigen

Angehörige, die Schwerkranke begleiten und pflegen, sind mehrfach belastet. Als Gründe führen sie an:

- die Belastung, ständig erreichbar zu sein,
- den Druck, der von dem zu Pflegenden ausgeht, keine weiteren Hilfen in Anspruch zu nehmen,
- die Isolation Angehöriger, weil Zeit und Kraft schwinden, andere Kontakte wahrzunehmen und aufrechtzuerhalten,
- einen jahrelangen Pflegeweg,
- die Altlasten aus der gesunden Beziehung, die zu Konflikten führen,
- ungelöste Lebenskonflikte, die sich in der Pflegesituation entladen oder wiederholen,
- das Verantwortungsgefühl, alles zum Wohle des zu Pflegenden zu tun und
- den Druck von außen zu spüren, wie es aussieht, wenn Mutter oder Vater ins Heim „abgeschoben“ werden.

Diese Gründe, die eine Gruppe von pflegenden Angehörigen zusammengetragen hat, ließen sich mühelos erweitern. Angehörige sorgen dafür, dass der Alltag weiter funktioniert, dass die Kinder versorgt sind. Sie leiden unter Verlustängsten, begleiten ihre schwerkranken Angehörigen und nehmen wahr, wie sich das Aussehen und Verhalten des geliebten Menschen ändert und es schwerfällt, eigene Sorgen und Ängste auszusprechen und mitzuteilen. Zugleich werden Schuldgefühle wach, wenn der Pflegende nicht alles schafft, zumal der Gedanke mitschwingt, dass es das Letzte ist, was er tun kann, obwohl er als Pflegender seine eigenen Bedürfnisse massiv zurückgestellt hat.

> „So war ich als Pflegende der Hauptbezugspunkt. Die Aufgaben waren nicht das Schwierigste“, so berichtet Frau U., „sondern die Dauerpräsenz, ständig verfügbar zu sein. Alle Schritte des Lebens mitzuteilen und kommentiert zu bekommen. Die Geschichten aus der Vergangenheit täglich zu hören, Ärger, Wut, Verletzung auszuhalten, mit unbearbeiteten Lebensaufgaben der zu Pflegenden immer wieder konfrontiert zu werden, aber selbst das eigene Leben radikal umstellen zu müssen, um die Pflege zu ermöglichen.“

Häusliche Pflege darf nicht nur auf den zu Pflegenden ausgerichtet sein, sondern muss auch beachten, was dem pflegenden Angehörigen möglich ist und wozu er imstande ist. Das ist individuell freilich sehr unterschiedlich. Dennoch sind drei Schritte hilfreich, um eine tragfähige Basis für die häusliche Pflege zu schaffen. Zu ihnen gehören:

- Mut zur Analyse (äußere Konfliktfelder, Pflegeaufwand und Beziehungsstruktur),
- Mut zur Zumutung (Erwartungen aussprechen, gemeinsam Ziele formulieren und Grenzen auszuloten),
- Mut, andere frühzeitig in die Pflege einzubeziehen (Familienangehörige; ein Netzwerk der Pflege zu knüpfen, um Hilfe, Anleitung und Unterstützung zu erfahren).

Wenn pflegende Angehörige sich auf ein Netzwerk stützen, Hilfe und Anleitung zur Pflege erfahren, dann bleibt ihnen ein wenig Zeit, um Luft zu holen und Kräfte zu sammeln für die Begleitung und Pflege ihrer nächsten Angehörigen bis in den Tod hinein. Einem Sterbenden seinen Wunsch zu erfüllen, zu Hause zu sterben, wird dann zu einem Geschenk, wenn es der Sterbende dankbar erfährt und es im Angehörigen lange nachwirkt.

Selbstfürsorge contra Burnout

Auch professionellen und leitenden Mitarbeitern, die engagiert im Hospiz oder auf Palliativstationen arbeiten, fällt es nicht immer leicht, auf Selbstfürsorge zu achten. Verantwortung für andere zu übernehmen, setzt voraus, Verantwortung für sich selbst zu tragen, sich selbst zu achten, um dem eigenen Raubbau an Körper und Seele Einhalt zu gebieten. Das ist aber nicht so einfach, wenn die eigenen Stressantreiber nicht in Frage gestellt werden.

> „Ich mache mir meine Eigenverantwortung täglich klar, denn ich weiß aus Erfahrung, dass ich Sterbenden, Trauernden, Mitarbeitern und Ehrenamtlichen nur dann eine wirklich hilfreiche Unterstützung geben kann, wenn es mir selbst gut geht. Dazu gehört", so eine leitende Mitarbeiterin im Hospizbereich, „auch das ‚Nein sagen können', mir Freiräume und Erholungspausen zu schaffen, um mich danach wieder meinen Aufgaben gut widmen zu können."

Für pflegende Angehörige ist die Gefahr des Ausbrennens nicht geringer, zumal die familiäre Bindung eine stärkere emotionale Betroffenheit auslöst. Angehörige stellen in den allermeisten Fällen alles, was sie an Kraft, an Liebe, an Ideen, an Fantasie und Geld besitzen in irgendeiner Form ihrem kranken Angehörigen zur Verfügung. Wo können sie sich aber anlehnen, ihre Fragen und Sorgen loswerden? Wo tanken sie auf?

> Eine Hospizmitarbeiterin erinnert sich an eine Frau, die total in der Versorgung und der Sorge für ihren Mann aufzugehen drohte. Wenn sie gefragt wurde: „Wie geht's Ihnen heute Morgen?", antwortete sie: „Ach, meinem Mann geht's gut." „Schön, dass es Ihrem Mann gut geht. Und wie geht's Ihnen heute?" „Er hatte 'ne gute Nacht. Die Nacht war wirklich gut." Es war unheimlich schwer, sie zu erreichen. „Ja, ja bei mir ist alles gut." „Entschuldigung, haben Sie heute schon was gegessen?" „Nee, nee, aber mein Mann, stellen Sie sich vor, er hat heute drei Löffel Rührei zu sich genommen."

Angehörige bedürfen einer hohen Aufmerksamkeit und Zuwendung. Manchmal werden sie schnell als „schwierige Angehörige" betrachtet, aber nicht sie sind schwierig, sondern ihre momentane Situation, ihr gegenwärtiges Leben mit einem schwerkranken und sterbenden Angehörigen ist schwer zu verkraften.

Drei Wege zur Stressbewältigung

Die Stressforschung weist auf drei Wege der Stressbewältigung hin (Kaluza 2011, 50–57), um einer völligen Erschöpfung vorzubeugen. Das *äußere Management* ist darauf ausgerichtet, äußere Belastungen zu verringern oder ganz abzubauen. Hierzu zählen organisatorische Verbesserungen, eine veränderte Zeitplanung, Aufgaben zu delegieren und ein Netzwerk aufzubauen. Dieser Aspekt ist bereits dargestellt, damit Sie als pflegende Angehörige sicher auf dieses Netzwerk palliativer Unterstützung zurückgreifen.

Die *regenerative Stressbewältigung* ist ein Weg, der darauf hinweist, körperliche und psychische Belastungen nicht in einen Dauerzustand ausufern zu lassen. Durch Entspannungstechniken, Sport und Bewegung, soziale Kontakte, ausreichenden Schlaf und Pausen im Pflegealltag wird dem körperlichen Zusammenbruch Einhalt geboten. Die größte Schwierigkeit tritt da auf, wo der Einzelne wohl darum weiß, es aber dennoch nicht tut, weil sonst anderes auf der Strecke bleibt. Wenn sich aber der Einzelne in seiner Selbstfürsorge dauerhaft vernachlässigt, bleibt er selbst auf der Strecke.

Die *kognitive Stressbewältigung* hilft, den eigenen stressverschärfenden Einstellungen und Überzeugungen auf die Spur zu kommen, um sie in ihren schädlichen Auswirkungen zu begrenzen.

Gedankenmuster treiben uns an zu mehr Leistung und Perfektionismus (häufig in der Form: Sei perfekt!), sie treiben uns an, die Bedürfnisse der anderen mehr zu achten als die eigenen (häufig in der Form: Sei beliebt!), sie treiben uns an, stark zu sein und auf niemanden angewiesen zu sein (häufig in der Form: Sei stark!), sie treiben uns an, uns und andere zu kontrollieren (häufig in der Form: Sei auf der Hut!) und schließlich treiben sie uns an zu Wohlbefinden und einem bequemen Leben (häufig in der Form: Ich kann nicht!), um Auseinandersetzungen, negative Gefühle und eigene Anstrengungen zu vermeiden und verhindern auf diese Weise eine notwendige und konstruktive Auseinandersetzung.

Ein einfaches Beispiel veranschaulicht, wie diese Muster und Antreiber funktionieren. Wenn ein Kind mit einer Eins aus der Schule kommt und die Eltern fragen: „Wie viele Einsen gab es denn?“ und „Was hättest du denn besser machen können?“, dann ist der Weg geebnet, nie mit der eigenen Leistung zufrieden zu sein, auch wenn es eine Eins ist. Ein Kind, das diesen Antreiber verinnerlicht, bringt Leistungen, um anerkannt und geliebt zu werden und ist doch nie ganz zufrieden.

Wenn der Pflegende diese Haltung verinnerlicht, wird er in allem sehr gewissenhaft sein. Das ist ja auch gut so. Ist diese Haltung jedoch im Übermaß ausgeprägt, wird er sich bald überfordern und nicht zur Ruhe kommen. Er muss lernen, einen „gesunden Perfektionismus“ zu leben.

Der Antreiber „Sei beliebt!“ birgt für pflegende Angehörige die Gefahr, sich restlos zu verausgaben und eigene Bedürfnisse total zurückzustellen bis zur Selbstaufgabe. Sie fressen alles in sich hinein und es fällt ihnen auch schwer, ihre Meinung zu sagen und belastende Angelegenheiten anzusprechen. Vieles wird unter den Teppich gekehrt, aber innerlich breiten sich Unzufriedenheit und Ärger aus.

Einer pflegenden Person, die den Antreiber „Sei stark!“ verinnerlicht hat, fällt es schwer, Hilfe zu beanspruchen und zuzulassen. Das kann ich schon allein! Auch da droht eine Überforderung, der sie auf Dauer nicht gewachsen ist.

Der Antreiber „Sei vorsichtig! Sei auf der Hut!“ stachelt Personen an, Sicherheit und Kontrolle über das eigene Leben und das der anderen zu erlangen. Wo dieses Streben im Übermaß vorhanden ist, gelingt es schwer, sich mit einem verändernden Krankheitsverlauf abzufinden und die eigene Ohnmacht zu akzeptieren. Vielmehr werden diese Personen andere kontrollieren, vielleicht auch unter Druck setzen, weil es ihnen schwerfällt, die Kontrolle abzugeben und Unwägbarkeiten zuzulassen. Die Veränderung des Lebens ist das Element, was sie am stärksten herausfordert.

Der Stressantreiber „Ich kann nicht!“ sucht das eigene Wohlbefinden und geht vor allem den Anstrengungen und Herausforderungen des Lebens konsequent aus dem Weg, zumal diese Personen ihren eigenen Kompetenzen wenig vertrauen. Da sich der Einzelne aber nicht allen Herausforderungen entziehen kann (Pflege, Sorge um andere), sind Stress-Situationen unausweichlich.

Diese Stressantreiber wirken auch in die Beziehung zwischen Pflegebedürftigen und pflegenden Angehörigen hinein. Je stärker sie ausgeprägt sind, desto eher werden sie die Pflegebeziehung beeinträchtigen. Das kann von beiden Seiten ausgehen. Wenn

der Einzelne um seine Stressantreiber weiß und sie in Frage stellt, ist er ihnen aber nicht mehr vollkommen ausgeliefert.
Um diese Stressantreiber in der eigenen Person zu entmachten, muss ich anderen Überzeugungen Raum geben und den Mut gewinnen, neue Verhaltensmuster zuzulassen.

Den Antreiber: Sei perfekt! begrenze ich, indem ich mir Folgendes zugestehe:
- Ich muss und kann nicht alle Wünsche erfüllen, die zu Pflegende an mich stellen.
- Ich sorge für den anderen wie ich auch für mich sorge.
- Ich entscheide in Ruhe, was jetzt wichtig ist und was Zeit hat.

Den Antreiber: Sei beliebt! begrenze ich, indem ich mir zugestehe:
- Ich teile dem anderen mit, was mir Mühe bereitet und suche gemeinsam mit ihm nach Lösungen.
- Kritik trägt dazu bei, Situationen anders zu sehen und zu bewältigen.
- Ich lerne gelassen „Nein" zu sagen. Indem ich mich ernst nehme, werde ich auch von anderen geachtet.

Den Antreiber: Sei stark! begrenze ich, indem ich mir zugestehe:
- Ich muss die Pflegesituation nicht allein bewältigen. Ich erlaube mir, Hilfe zu suchen.
- Ich darf auch Aufgaben übertragen: an den Pflegedienst, ich suche Unterstützung beim ambulanten Hospizdienst oder bei der SAPV für die häusliche Pflegesituation.
- Auch ich darf meine Schwächen zeigen.

Den Antreiber: Sei auf der Hut! begrenze ich, indem ich mir zugestehe:
- Es liegt nicht alles in meiner Hand, nicht die Krankheit und auch nicht, wie sie sich weiterentwickelt.

- Ich traue auch anderen etwas zu.
- Meine Kräfte richte ich auf das, was ich gestalten kann.

Den Antreiber: Ich kann nicht! ändere ich, indem ich mir zugestehe:

- Das habe ich schon bewältigt.
- Diese Herausforderung für die Pflege meiner Angehörigen liegt mir am Herzen.
- Ich lasse mich darauf ein und vertraue mir.

4 Leben auf den Tod hin

„Ich habe mich in meinem ganzen Leben noch nie so behütet gefühlt!“ (Frau K.)

Sorgen und Ängste von Angehörigen

Wenn Sie als Angehörige Ihre Schwerkranken bis in die finale Phase des Sterbens hinein begleiten, stellen Sie sich vielen praktischen Herausforderungen. Sie hoffen aber auch auf Besserung und sorgen sich bis in die letzten Tage um das Wohl Ihrer Schwerkranken und Sterbenden, die einem unvorhersehbaren Prozess des Abschiednehmens ausgesetzt sind.

Aus palliativmedizinischer Sicht werden bei einer chronischen Erkrankung die letzten Lebensphasen nach den Faktoren „Zeitdauer“ und „Aktivität“ unterschieden. In der ersten Phase kann ein Patient aufgrund palliativer Therapie weitgehend sein normales Leben trotz der Krankheit weiterführen. Diese *Rehabilitationsphase* erstreckt sich über viele Monate bis hin zu einigen Jahren.

Die anschließende *Präterminalphase* beschränkt sich zeitlich auf die letzten Wochen und Monate. In diesem Zeitraum sind die Zeichen einer fortgeschrittenen Krankheit nicht zu übersehen. Auftretende Schmerzen und Symptome können durch eine medikamentöse Behandlung und eine palliative Pflege gelindert werden.

Die *Terminalphase* umfasst die letzten Tage bis zu einer Woche, in der sich der Patient verstärkt nach innen zurückzieht. Die *Finalphase* beschreibt den Zustand der letzten Stunden bis zu einem Tag. Der Eintritt des Todes steht unmittelbar bevor. Ingeborg Thielemann-Jonen weist aber darauf hin, dass dieses

Schema nur eine grobe Orientierung darstellt und nicht dazu geeignet ist, den Zeitpunkt des Todes zu benennen. (Thielemann-Jonen 2007, 1020 f.)

Erste Ahnungen

Die Auseinandersetzung mit einer lebensbedrohlichen Erkrankung beginnt für Betroffene und deren Angehörige oft mit einer ersten Verdachtsdiagnose, die durch weitere Untersuchungen abgeklärt werden muss. Im Fall einer Demenzerkrankung kann der Prozess allmählich fortschreiten. Erste Anzeichen werden von Angehörigen häufig nicht wahrgenommen oder von Betroffenen geschickt überspielt.

> „Irgendwann“, so berichtet Herr S., „hat es angefangen mit der Demenz. Es muss um den achtzigsten Geburtstag von Mutter gewesen sein. Wahrscheinlich litt sie schon längere Zeit daran, aber ich wollte es nicht sehen oder sie konnte es gut kaschieren. Wir Geschwister bemerkten in letzter Zeit deutliche Veränderungen in ihrem Verhalten. Am Telefon war sie launisch und kurz angebunden. Auch rief sie von sich aus nicht mehr an, kam mit dem Wählen der Nummern offensichtlich nicht mehr klar. Nachmittags, wenn es draußen dunkelte, legte sie sich einfach ins Bett, weil sie meinte, es sei später Abend und Zeit zur Nachtruhe. Mutter, die zeitlebens arbeitsam, fleißig und pflichtbewusst war, konnte ihren Alltag kaum mehr bewältigen oder doch nur sehr eingeschränkt. Ich machte mir Sorgen. Mehr als das. Mein inneres Bild von Mutter bekam Risse.“

Praktische Regelungen

Die Frage, wie die Pflege zu organisieren sei, welche Hilfen in Anspruch genommen werden oder ob gar eine Pflege im Heim ansteht, drängen sich mehr und mehr auf und dulden oft keinen Aufschub. Mit fortschreitender Erkrankung geht die Verantwortung auf die begleitenden Angehörigen über, denn es sind viele praktische Schritte zu vollziehen, um die Lebenszeit für ihre Schwerkranken optimal zu organisieren.

„Mutter war einverstanden mit dem Umzug ins Parterre", so berichtet Herr S. erleichtert. „Endlich! Mit ihr zusammen kauften wir ein neues Schlafzimmer samt Seniorenbett und richteten das ehemalige Wohnzimmer entsprechend ein. Es gefiel ihr und von Anfang an fühlte sie sich wohl darin. Vor allem liebte sie das neue, breitere Bett. Und natürlich hatten wir ihr auch eine neue Heizdecke besorgt. Seit Jahrzehnten schon ging sie nie zu Bett, ohne es vorher angewärmt zu haben. Inzwischen war auch ein Hausnotruf installiert, sodass sie sich im Notfall bemerkbar machen konnte. Sie war ganz dankbar für unsere Hilfe. Auch das hatte die Demenz verändert. Mutter äußerte nun Dankbarkeit für vieles. Doch dann hatte Mutter einen körperlichen Zusammenbruch und stürzte im Schlafzimmer. Sie kam ins Krankenhaus und wir organisierten in dieser Woche eine osteuropäische Haushaltshilfe. Die Alternative hätte Pflegeheim geheißen und das wollten weder wir noch Mutter selbst."

Die rechtliche Vertretung

Das ständige Auf und Ab, die Fragen, was als Nächstes kommt und wie das alles noch zu bewältigen sei, bindet physische und psychische Kräfte von Angehörigen, zumal dann, wenn weitere berufliche und familiäre Verpflichtungen zu stemmen sind und die Zeit der Pflege sich über lange Zeiträume erstreckt. Bei der Mutter von Herrn S. kam eine Oberschenkelhalsfraktur aufgrund eines Sturzes hinzu und eine Operation. Reanimation, ja oder nein? Was, wenn ihr Kreislauf versagt?

Herr S. musste jetzt Verantwortung für seine Mutter in einem Maß übernehmen, die ihn sehr belastete. Er kam sich vor, als hätte er über ihr Leben oder ihren Tod zu entscheiden. Gern war er sonst ihr Bevollmächtigter und handelte stets zu ihrem Wohl. Aber diese Entscheidungen hätte er doch gern abgegeben.

„Vor einiger Zeit schon hatte sie mir“, so berichtet Herr S., „Vollmachten für den Bereich der Personen- und Vermögenssorge übertragen. Auch sprachen wir über ihre Bestattung. Ich war überrascht, wie viel Vertrauen sie in mich setzte und wie selbstverständlich sie damit umging, nun Verantwortung abzugeben. Im Grunde war sie erleichtert und froh darüber, dass jemand sie ernst nahm und offen mit ihr über diese Angelegenheiten sprach. Ihre seelische und körperliche Hilfsbedürftigkeit, die Sehnsucht nach Zuwendung und Nähe rührten mich an. Welche Veränderung! Mutter, die vormals starke, wenig nahbare, zuweilen auch schroffe und abweisende, war durch die Demenz eine andere geworden. Natürlich nicht völlig, aber weicher und zugänglicher.“

Lichtblicke im Alltag

Die Belastungen für begleitende und pflegende Angehörige fordern einen neuen Umgang zwischen Kindern und Eltern, besonders wenn die Eltern an Demenz erkrankt sind. Dennoch ist es ermutigend, auch in dieser veränderten Beziehung am Lebensende Momente der inneren Zufriedenheit zu spüren.

„Wir hatten mit Mutter auch unendlich viele schöne und freudige Stunden: ob wir über Land oder in eine Stadt fuhren, es uns in einem Café gemütlich machten, ihr Märchen vorlasen, mit ihr Marienlieder oder Volkslieder sangen. Es gab in der Krankheit Momente voll des Glücks und der Freude, körperliche und seelische Nähe zu ihr, wie wir sie seit Kindheitstagen nicht mehr gespürt haben. Nie werde ich vergessen, als ich Mutter zum ersten Mal badete. Ich hatte sie gefragt und nach ein wenig Zögern war sie einverstanden. Nie zuvor hatte ich Mutter völlig nackt gesehen. Ich fühlte mich einerseits geehrt, dass sie mir die Pflege erlaubte, andererseits aber auch beschämt. Mit der Zeit wurde die Übernahme der Grundpflege zur Normalität für uns Geschwister. Zu ihr gehören die Unterstützung und Hilfe beim Duschen und Baden, beim An- und Auskleiden, die Maniküre, das Eincremen der Haut, die Pflege der Füße, die abendliche Grundpflege und das Zu-Bett-Bringen."

Wahnhaftes Erleben

Doch auch die Schattenseite der Demenz beansprucht ihren Raum und löst Sorgen und Ängste aus, die schwer allein zu bewältigen sind. Ohne ein stabiles Netzwerk ist die Pflege und Betreuung kaum zu leisten. Die Angst, dass dementen Angehörigen etwas zustößt und sie allein nicht mehr in einer für sie ungewohnten Welt zurechtkommen, begleitet den Alltag pflegender Angehöriger.

„Mutter wurde", so Herr S., „zunehmend bedürftig wie ein Kind. Und das war eine große Trauer. Mir wurde bewusst, dass Mutter ohne uns, den Pflegedienst und die Pflegekraft Luciana nicht mehr leben konnte. Die Demenz zerstörte, wenn auch langsam, aber dafür unerbittlich, Mutters Identität. Und sie

> selbst bemerkte dies. Dann kamen Sätze wie: ‚Jetzt bin ich wieder ganz blöd da oben.‘ ‚Da oben bin ich krank.‘ Sie lebte zum Teil in einer eigenen Welt. Und sie halluzinierte. Psychotische Symptomatik nennt die Psychiatrie das. Dann hatten Chinesen wieder im Keller gewütet, sämtliche Einmachgläser mit Zwetschgen, Birnen und anderem Obst zertrümmert. Uns Kindern machte sie den Vorwurf, dass wir schliefen wie die Ratten und deshalb von den Chinesen nichts bemerken würden. Dann wiederum hatte sie das Gefühl, nicht daheim zu sein. Dieses Haus kenne sie nicht, da habe sie noch nie gelebt. Dann trat der Teufel (der Tod) wieder auf den Plan. Jedenfalls klingelte er ihrer Meinung nach an der Haustür. Aber sie habe ihm gesagt, er möge in zwei Jahren wieder kommen, die Kinder brauchten sie jetzt noch.“

Nach dem zweiten Krankenhausaufenthalt stabilisierte sich ihr Gesundheitszustand noch einmal. Herr S. nahm eine Zeit lang unbezahlten Urlaub wegen der Rund-um-die-Uhr-Pflege seiner Mutter. Doch nachdem er seine Arbeit wieder aufgenommen hatte, nahmen die Belastungen für ihn sehr zu. Er erkannte mehr und mehr, dass die Organisation der Pflege, die Ordnung der Finanzen und die Übernahme der kompletten Pflege an den Wochenenden mit seiner beruflichen Tätigkeit nicht mehr zu bewältigen waren, zumal das Endstadium des Sterbeprozesses seiner Mutter noch bevorstand.

Das Pflegezeitgesetz vom 28.05.2008 erlaubte es Herrn S. in Pflegezeit zu gehen, um seine Mutter selbst zu umsorgen. Dieses Gesetz hat zum Ziel, Beschäftigten zu ermöglichen, eine akut aufgetretene Pflegesituation kurzzeitig zu bewältigen und alle organisatorischen Maßnahmen zu treffen. Darüber hinaus legt es die Pflegezeit für jeden pflegebedürftigen nahen Angehörigen für einen Zeitraum von bis zu sechs Monaten fest. (www.gesetze-im-Internet.de/pflegezg/gesamt.pdf)

Schuld und Schuldgefühle

Schuldgefühle werden im Prozess der Sterbebegleitung von Angehörigen häufig erlebt, aber nicht immer offen ausgesprochen. Sie äußern sich in Gewissensbissen, Ärger und Angst, sodass sich pflegende Angehörige oft mit Selbstvorwürfen plagen. Doch auch nach dem Tod eines nahen Angehörigen sprechen Menschen rückblickend nur zaghaft über ihre Gefühle der Schuld.

Es gibt Schuld, die es zu verantworten und aufzuarbeiten gilt, damit der Einzelne in Zukunft mit den Situationen, in denen er tatsächlich etwas falsch gemacht hat, anders umgeht. Es gibt aber auch gerade im Umgang mit Sterben und Tod unangemessene Schuldgefühle, an denen Personen starr festhalten.

Häufig formulieren Angehörige, sie könnten sich nicht verzeihen, dass ihr Vater oder Ehepartner ausgerechnet in dem Moment gestorben sei, wo sie nur eine Viertelstunde abwesend waren. Dabei haben sie es selbst nicht geahnt oder einer Pflegekraft vertraut und leben mit diesen Schuldgefühlen weiter.

> „Papa starb an Lungenkrebs und wir waren nicht dabei", äußerte eine Tochter traurig und enttäuscht. „Ich kann es mir einfach nicht verzeihen!"

In dieser akuten Abschiedssituation ist es wenig hilfreich, rationale Argumente ins Feld zu führen oder der verzerrten Wahrnehmung auf die Spur kommen zu wollen. Eine einfühlsame Bestätigung ihrer schmerzlichen Gefühle hilft, sich verstanden zu fühlen, einfach die Situation anzuerkennen wie sie ist. Die ermutigende Frage, was sie in letzter Zeit alles für ihren Vater getan hat, relativiert nur ein wenig den Blick für das, was ihr verwehrt blieb. Den Schmerz, beim Sterben nicht dabei gewesen zu sein, wird es wohl nur ein wenig lindern.

Die Erfahrung von Pflegekräften, dass Schwerkranke häufig in der Zeit sterben, wo Angehörige nicht anwesend sind, vermittelt

zwar das Gefühl, diese Erfahrung mit anderen zu teilen, wird aber die Trauer von Angehörigen schwerlich auflösen.
Im Prozess der Trauer helfen Angehörigen sogar unangemessene Schuldgefühle, vorläufige Antworten auf Tod und Sterben zu finden, weil:

- sie sich oder anderen Schuld zuweisen und damit eine rationale Erklärung finden und das Chaos ein wenig glätten,
- sie sich Macht zuschreiben, dass sie das Sterben ihrer Angehörigen hätten verzögern oder verhindern können. Dieses Machtgefühl schützt sie davor, ihre eigene Ohnmacht anzuerkennen,
- sie durch ihre Schuldgefühle einen lebendigen und innigen Kontakt zur verstorbenen Person bewahren. Das hält sie davon ab, ihre Schuldgefühle aufzuarbeiten und loszulassen. (Paul 2006, 80–84)

Hinter all diesen Versuchen ist der tiefe Wunsch zu spüren, den Tod eines nahen Angehörigen zu verstehen und zu erklären. Erst die gelebte Trauer aber, in der ich meine Gefühle zulasse und der verstorbenen Person in meiner Lebensgeschichte einen neuen Platz einräume, bringt mich ins Leben zurück. Das braucht freilich Zeit, Mut und Kraft, um weiterzuschreiten.

Wenn Sterbende schwer Abschied nehmen

Wenn Sterbende schwer Abschied nehmen, löst das in Angehörigen oft Beklemmungen und Unsicherheiten aus. Einzelne Symptome und Verhaltensweisen im Prozess des Sterbens sind für Angehörige schwer einzuordnen und verstärken Angst und Schuldgefühle.

Verwirrtheit und Unruhe im Sterbeprozess

„Nachdem die Ärzte“, so berichtet Frau N., „in der Sterbenacht uns als gesamte Familie um Erlaubnis baten, die lebensverlängernden Maßnahmen einzustellen, damit Oma nicht länger künstlich am Leben gehalten wurde, stimmten wir zu. Wir ahnten nicht, was passieren könnte. Mein Vater und ich standen bei Oma am Bett, als sie kurze Zeit nach Abstellen der Maschine auf einmal ganz unruhig wurde, laute Dinge schrie, die Decke wegstrampelte und mehr oder weniger aus dem Bett hüpfte. Wir konnten sie beruhigen, bis sie irgendwann einschlief. Niemand hatte uns auf solch eine Reaktion vorbereitet. Viel später habe ich mich dann gefragt, ob wir richtig gehandelt hatten, als wir zustimmten, die Geräte abzuschalten. In mir kamen Zweifel und Selbstvorwürfe auf, auch Schuldgefühle, und ich musste bitterlich weinen. Erst später habe ich erfahren, dass es beim Versagen der Nierenfunktion zu Verwirrtheitszuständen kommen kann.“

Auch pflegende Angehörige bedürfen im Sterbeprozess einer Begleitung, die ihnen mit Verständnis, Einfühlungsvermögen und Achtung, aber auch mit Informationen hilfreich zur Seite steht. Angehörige fühlen sich dann nicht allein gelassen und können besser einordnen, wenn Sterbende sich mehr und mehr zurückziehen, ihr Interesse an der Außenwelt abnimmt und sie schläfriger werden. Es scheint so, als ob der Sterbende dahindämmert und nicht mehr ansprechbar ist. Das bewirkt in Angehörigen Unsicherheit und Hilflosigkeit, sodass die verbale Kommunikation vorzeitig eingestellt und der Sterbende kaum noch angesprochen oder berührt wird. Hier bedarf es manchmal nur einer kleinen Ermutigung, damit Angehörige diese Brücke zu ihren Sterbenden nicht vorzeitig abbrechen. Aber auch der Hinweis, dass im Sterbeprozess Zustände von heftiger Unruhe und Verwirrtheit auftreten können, hilft ein wenig, sie besser einzuordnen.

> *„Nach B. Husebø nehmen kognitive Probleme bei Sterbenden erfahrungsgemäß zu. Es kommt dann zu Symptomen und Phänomenen wie Angst, Unruhe, Verwirrtheit, Verständigungsproblemen, eingeschränkter Vigilanz und damit verbundener Orientierungsstörung und Bewusstseinsverlust."* (Knipping 2007, 469)

Die Einsicht, dass es im Sterben zu Verwirrtheitszuständen und heftiger Unruhe kommen kann, hat Frau N. in ihrer Auseinandersetzung mit dem Sterben ihrer Oma erst im Nachhinein erleichtert und versöhnt, als sie verstand, dass genau diese Symptome im Prozess des Sterbens bei diesem Krankheitsbild nicht ungewöhnlich sind.

Arten des Todes

Das Versagen einzelner lebenswichtiger Organe wie Herz, Lunge, Leber, Niere und Gehirn führen wie bei einem Unfall auf direktem Weg oder aufgrund einer Erkrankung zu einer Schädigung dieser Organe. Prozesse nun, die zu Sterben und Tod führen, sind letztlich die Folge davon, dass einzelne oder mehrere Organe ihre Funktion einstellen und der „Gesamttod des Organismus" eintritt. (Borasio 2012, 18–21)

Welche charakteristischen Begleiterscheinungen können jeweils im Prozess des Sterbens auftreten, wenn diese fünf zentralen Organe betroffen sind? Wenn Angehörige darauf vorbereitet sind, welchen Verlauf der Sterbeprozess nehmen kann, können sie sich besser darauf einstellen.

Der *„Herz-Kreislauf-Tod"* verläuft nur bei einem Bruchteil dieser Erkrankung kurz und schmerzlos. Viel häufiger leiden Patienten an einer chronischen Herzinsuffizienz, die durch Diabetes (Zuckerkrankheit) und Rauchen begünstigt wird. Diese Patienten leiden im Sterbeprozess an extremer Abgeschlagenheit, körperlicher Schwäche, Schmerzen und Atemnot.

Der „*Lungentod*“ ist eindeutig durch eine akute wie auch chronisch zu beobachtende Atemnot charakterisiert. Die akute Atemnot geht oft einher mit extrem sich steigernden Angstgefühlen, die einer medikamentösen Behandlung bedürfen. Bei der chronischen Atemnot bildet sich im Blut eine hohe Konzentration an Kohlendioxid, sodass Sterbende meist in eine sogenannte „CO_2-Narkose“ abgleiten und friedlich sterben.

Der „*Lebertod*“, bedingt durch Krebsmetastasen, eine Leberzirrhose oder andere chronische Lebererkrankungen, kann eintreten, wenn die Leber als entgiftendes und filtrierendes Organ nicht mehr in der Lage ist, Stoffe wie Ammoniak und Bilirubin abzubauen. Anzeichen für ein Versagen der Leberfunktion sind die Gelbfärbung von Haut und Augen, aber auch Zustände von Verwirrtheit und Unruhe sind nicht selten zu beobachten. In der finalen Phase gleiten viele Patienten in ein sogenanntes „Leberkoma“ und sterben dann auch friedlich.

Der „*Nierentod*“ kann einerseits durch ein Versagen der Entgiftungsfunktion der Niere bedingt sein, andererseits dadurch, dass die Ionenkonzentration einzelner Stoffe wie Natrium und Kalzium nicht mehr aufrechterhalten wird. Die Störung dieses Gleichgewichts kann zu Verwirrtheit und Unruhe, Herzrhythmusstörungen bis hin zum Herzstillstand führen. In der finalen Phase des Lebens fällt der Patient ähnlich wie beim „*Lebertod*“ in einen komatösen Zustand.

Der „*Gehirntod*“ wird durch eine Schädigung des Gehirns hervorgerufen (Schwellung, Blutungen, Schlaganfall oder Metastasen), weil Teile im Gehirn gequetscht werden, ihre Funktionen erlöschen, sodass Bewusstlosigkeit eintritt, was häufig zu einem schnellen Tod führt. Eine zweite Gruppe, die verstärkt auftritt, sind Abbauprozesse im Gehirn, die sich bei Demenzerkrankungen über Jahre erstrecken, sodass lebenswichtige Prozesse wie Essen und Schlucken nicht mehr zu steuern sind. In der Regel verläuft der Sterbeprozess friedlich und komplikationsarm.

Zeichen des nahenden Todes

Die Frage, woran Sie als Angehörige erkennen können, ob der Sterbeprozess eingesetzt hat, ist nicht leicht zu beantworten. Auch Pflegekräfte mit einer langen Hospizerfahrung berichten, dass sich das Sterben manchmal ganz plötzlich und unvermittelt einstellt oder dass unerwartet eine körperliche Stabilisierung zu beobachten ist. Eine Vorhersage des Todeszeitpunktes ist nur ganz schwer zu treffen.

Eine erfahrene Hospizschwester beruhigte eine Tochter, die ihre Mutter ins Hospiz begleitet hat. „Ihre Mutter wird in dieser ersten Nacht im Hospiz ganz gewiss nicht sterben. Sie können sie morgen besuchen.“ Doch sie starb – für sie ganz unerwartet – noch in dieser Nacht. „Nie wieder“, so sagte sie, „werde ich mich so bestimmt äußern.“

Auch erfahrene Teams eines Hospizes oder einer Palliativstation stellen immer wieder fest, dass ein Sterbeprozess einen überraschenden Verlauf nimmt und nicht auf Tag und Stunde genau bestimmt werden kann. Wesentlicher ist, Sterbende und Angehörige so zu begleiten, dass sie sich geborgen fühlen, Schmerzen gelindert werden und sie gut Abschied nehmen können.

„Es war ein Sonntagabend, als Herr Z. als Notfall nach einem epileptischen Krampfanfall zu uns auf die Palliativstation gebracht wurde. Der Patient war sehr wohl orientiert. Er hatte von Anfang an ganz klare Vorstellungen über seinen Aufenthalt bei uns, über den voraussichtlich weiteren Verlauf seiner Erkrankung und die Bestattung. Seine Frau fühlte sich aber mit der momentanen Situation sichtlich überfordert. Sie war am Ende ihrer Kräfte und konnte nicht verstehen, dass ihr Mann bereits die Trauerfeier und die Bläser organisiert hatte. Immerhin waren sie über 50 Jahre glücklich verheiratet.

Am nächsten Morgen teilte ihr Ehemann unserer Ärztin mit, dass er nicht mehr zurück nach Hause möchte, da seine Frau die Pflege nicht mehr bewältigen könne. Er würde gern hier sterben, weil er sich hier sehr geborgen fühle und möchte nichts mehr essen und nur noch trinken, wenn er ein Durstgefühl verspüre. Er wünsche keine Medikamente oder Infusionen und möchte diesbezüglich auch nicht mehr gefragt werden. Er wisse, wie es um ihn stehe und dass er nicht mehr lange Zeit zu leben habe.

Unsere Stationsärztin versicherte ihm, dass seine Wünsche respektiert werden. Andererseits sah der Patient wirklich nicht so aus, als ob er bald sterben würde. Deshalb wies unsere Ärztin ihn behutsam darauf hin, dass die Liegedauer auf einer Palliativstation leider begrenzt ist und er dann eventuell in ein Hospiz verlegt werden müsste. Das käme für ihn aber auf keinen Fall in Frage, weil das Hospiz ja weiter weg sei. Hier könne seine Frau ihn jeden Tag besuchen und sie würden gern die verbleibende Zeit auf Station zusammen genießen.

Das war also am Montag. Herr Z. verbrachte intensive Tage mit seiner Ehefrau und aß und trank nichts. Ab Donnerstag verschlechterte sich sein Zustand ganz plötzlich. Am Freitagvormittag ist Herr Z. dann in den Armen seiner Frau gestorben. Sie brachte sein Lieblingshemd mit und blieb noch bis zum Abend, um Abschied zu nehmen.“

Noch heute kann sich jeder im Team genau an Herrn Z. erinnern, da es häufiger eintritt, dass Schwerkranke ihr Sterben „hinauszögern“, um sich von nahen Angehörigen zu verabschieden, als bewusst in ihr Sterben einzuwilligen, um gut Abschied zu nehmen. Wenn auch der Sterbeprozess im Einzelfall nicht genau vorausgesagt werden kann, so sind in der Terminalphase dennoch folgende Symptome verstärkt zu beobachten:

- Mattigkeit und ein verstärktes Ruhebedürfnis.

- Appetitlosigkeit, Übelkeit bei der Nahrungsaufnahme und ein geringes Durstempfinden (der Körper programmiert sich um, sodass Sterbende nichts mehr essen und trinken wollen. Dadurch werden Botenstoffe ausgeschüttet, die Schmerzen durch körpereigene Opiate dämpfen).
- In der Finalphase (Sterbephase) ist ein Mensch zwar noch ansprechbar, aber er reagiert nicht mehr verbal.
- Die Atmung ist oft erschwert und wird durch ein brodelndes Rasseln begleitet, das weniger eine Belastung für den Sterbenden bedeutet als vielmehr für die Angehörigen.
- Die Schnappatmung geht einher mit einem unregelmäßigen Atmen, da eine Luftnot eintritt, die durch das Schnappen nach Luft auf einen Ausgleich drängt.
- Hände und Füße werden kalt, die Nägel verfärben sich bläulich und an Füßen und Unterschenkeln bilden sich marmorierte Flecken, da der Kreislauf nur noch Lunge, Herz und Gehirn als die zentralen Organe versorgt.
- Das Gesicht ist um Nase und Mund oft sehr blass, was als „Todesdreieck“ bezeichnet wird und auf den baldigen Tod hinweist.

Auch wenn ein Sterbender nicht mehr mit Worten reagiert, so spürt er doch, was um ihn herum geschieht. Er nimmt Berührungen wahr, ist stimmlich zu erreichen und fühlt sich so bis in seine letzten Stunden umsorgt und nicht allein gelassen. (www.daserste.de/information/wissen-kultur/w-wie-wissen/sendung/2012/sterben-html aufgerufen 21.12.2013)

Abschied am Sterbebett

Eine Sterbebegleitung in häuslicher Umgebung ist vielen nicht mehr vertraut. Das begleitete Sterben im Hospiz oder auf einer Palliativstation ist daher für viele Angehörige und Freunde eine ganz neue Erfahrung, wenn sie mit dem Sterben und Tod eines vertrauten und lieben Menschen konfrontiert werden.

„Liebe Anja, liebe Annett, liebes Hospiz-Team“, so schreibt Frau M., „es ist mir ein Bedürfnis, Euch allen Dank zu sagen für die helfende Begleitung und die Anteilnahme an Kathrins Schicksal. Die Erfahrungen im Hospiz und Kathrins Tod werden eine prägende Erinnerung in meinem Leben bleiben und – entgegen meiner Erwartung und aller Trauer – auch in positiver Hinsicht. Ich habe einen nahen Menschen friedlich und in Würde sterben sehen. Der behutsame Umgang, den wir als Hiergebliebene erfahren haben, wird mir als großer Trost immer im Gedächtnis bleiben. Dafür bin ich sehr dankbar, auch für die lange Zeit des Abschiednehmens, die uns ermöglicht wurde. Ich hätte nie geglaubt, wie wichtig diese Zeit für mich ist und dass ich sie brauche, um akzeptieren und loslassen zu können.
Danke! Betti“

Viele Schwerkranke wünschen sich in häuslicher und familiärer Umgebung zu sterben. Da uns diese Praxis nicht mehr so vertraut ist, wird sich diese Situation erst dann ändern, wenn der Einzelne erfahren hat, wie gut es tut, in Ruhe Abschied zu nehmen, den Tod eines nahen Angehörigen zu begreifen und betrauern zu können.

„Meine Freundin R. war immer ein Mensch, der dem Leben zugewandt war“, so berichtet Frau H. „Und plötzlich war da die Diagnose – Lungenkrebs – … und die Endlichkeit holte sie ein. Als dann die Zeit des Sterbens näher kam, rief sie mich zu sich und fragte, ob ich mir vorstellen könnte, sie in der Zeit des Sterbens mit den Klängen der Klangschalen zu begleiten.“

Ihre Familie und einige Freunde übernahmen liebevoll die Pflege und die häusliche Versorgung. Mit Hilfe palliativer Maßnahmen konnten die Symptome ihrer Krebserkrankung gelindert werden. Sie war sehr dankbar, dass sie sich dadurch zu Hause, in ihrer gewohnten Umgebung, mit dem Leben und dem Sterben auseinandersetzen und Schritt für Schritt Abschied nehmen konnte.

> „Vor der ersten Klangmassage führten wir mehrere Gespräche. Viele Fragen bewegten sie und nicht alle Antworten ließen sie zur Ruhe kommen. Es brauchte Zeit, bis sie sich auf Stille und Entspannung einlassen konnte."

Ihre Unruhe, ihre Ungeduld und ihre Wut auszusprechen, ermutigten ihre Freundin aber, sich mit den Themen zu beschäftigen, die sie noch immer so sehr belasteten. Zu diesem Zeitpunkt war es dann für sie stimmig, sich auf wohltuende Klänge und entspannende Vibrationen einzulassen. Die sanft angeschlagenen Klangschalen auf ihrem Körper empfand sie als eine sehr wohltuende und sanfte Massage.
Die Schwingungen der Klangschale erzeugen angenehme Vibrationen, die die angespannte Muskulatur im ganzen Körper lösen und den Weg für eine tiefe Entspannung ebnen.
Tag für Tag, Stunde für Stunde gelang es ihr, immer mehr Ruhe in sich zu finden. Sie konnte es zulassen, dass nicht alles geklärt werden kann und dass die Menschen, die sie liebt und zurücklassen wird, ihren eigenen Weg gehen werden.

> „Bei unserer letzten Begegnung war sie sehr schwach, müde und erschöpft. Ich bettete sie bequem auf ihr Sofa und wir redeten noch ein bisschen. Bevor sie einschlief, sagte sie mir noch, dass sie sich auf die Klangschalen freuen würde. Sie schlief tief und fest. – Sie träumte, zeitweise wurde sie unruhig und sprach, ohne aufzuwachen. Ich saß bei ihr und wir waren einfach in der Stille miteinander im Einklang.
> Nach einiger Zeit nahm ich eine ihrer Lieblingsklangschalen und entschied mich, diese nur sanft anzuspielen und dazu leise einen Text zu lesen. Ich machte mit ihr eine Klangreise und las dazu einen Text über Engel.

Sie wurde ganz ruhig und war sehr entspannt. Ein Lächeln huschte über ihr Gesicht und ruhige, gleichmäßige Atemzüge trugen sie in einen tiefen Schlaf.
Ich verabschiedete mich im Stillen von ihr, um sie nicht zu stören. Wenige Stunden später bekam ich einen Anruf von ihrer Schwiegertochter. Sie sagte mir, dass meine Freundin ganz ruhig verstorben wäre. Sie wurde auch nach meinem Weggehen nicht mehr wach. Sie schlief sanft hinüber. Wir waren alle so dankbar, dass meine Freundin so ruhig einschlafen durfte."

Du darfst gehen

Wenn nahe Angehörige ihren Sterbenden vermitteln, gehen zu dürfen, ist dies auch für Sterbende eine Erleichterung. Sie spüren, dass alles geregelt und ausgesprochen ist und dass nun auch die letzte Wegstrecke bald zurückgelegt sein wird.

Frau K., eine alleinstehende 47-jährige Frau, erkrankte an Brustkrebs. Später wurden Metastasen in Lunge und Leber diagnostiziert. Da wünschte sie sich ein Netzwerk und bat ihren Freundeskreis, sie in dieser Zeit des Sterbens zu begleiten. Ihren Wunsch, noch einmal in eigenen Räumen zu leben, erfüllte ihr ein befreundetes Ehepaar, das sie einlud, bei ihm zu wohnen.

In der Zeit, als ihre Schmerzen, die Atemnot und Beschwerden durch Flüssigkeitsansammlungen in Bauch und Beinen drastisch zunahmen, kam ihre Schwester zu Besuch. Sie erlaubte es ihr, sterben zu dürfen, wenn sie dies alles nicht mehr ertragen könne. Das war für sie eine große Erleichterung, wie sie immer wieder erwähnte. Als die Schmerzen und die Atemnot schließlich unerträglich wurden, ließ sie sich auf einer Palliativstation aufnehmen. Die Ärztin war ihr aus gemeinsamer palliativer Zusammenarbeit bekannt. Ihr vertraute sie.

Auf der Station wurde sie von ausgebildetem Fachpersonal betreut, sodass sie sich sicher fühlte. Am letzten Wochenende vor ihrem Tod verbrachte sie noch Zeit auf dem Balkon und interessierte sich dafür, wer über Handy zu ihr Kontakt suchte. Als sie an diesem Abend nach dem Duschen im Spiegel ihre körperlichen Veränderungen betrachtete, weinte sie bitterlich. Sie wollte, dass ihre Freundin auch die hervorgetretenen Metastasen anfasste, um zu begreifen, wie es um sie steht.

Am Sonntag verschlechterte sich ihr Zustand massiv. Am Montag beschloss dann ihr Freundeskreis, 24 Stunden für sie da zu sein. Sie schlief zunehmend mehr, hatte aber immer wieder kurze Momente der Klarheit und des Wachseins, in denen sie zu den Anwesenden kurz Kontakt aufnahm.

> „Am Dienstagmorgen half ich ihr", so berichtet Frau P., „sie frisch zu kleiden und ihr Bett zu beziehen und gab ihr etwas zu trinken. Da sagte sie: ‚Ich habe mich in meinem ganzen Leben noch nie so behütet gefühlt!' Beim Abschied ahnte ich bereits, dass ich sie zum letzten Mal lebend sehen werde. Ich wünschte ihr eine gute Reise und bedankte mich für die gemeinsame Zeit. Am Mittwoch starb sie im Beisein von vier Menschen, die sie sehr mochte."

Die Zeit ihres Sterbens war für Frau K. eine behütete. Diese war geprägt von fachlicher Begleitung, die sie am Ende annahm, sie äußerte ihre Wünsche und erfuhr Achtung gegenüber ihrem Weg, sie war dankbar für die emotionale Zuwendung und sie durfte gehen in der Gewissheit, Spuren in ihrem Freundes- und Familienkreis hinterlassen zu haben. Behütetsein im Sterben kann gewiss unterschiedlich beschrieben und gewichtet werden. Frau K. hat es auf ihre Weise dankbar erfahren.

Herausforderungen für eine gelingende Sterbebegleitung

- Sterben heißt, das Leben loszulassen, sich Schritt für Schritt zu verabschieden.
- Sterbebegleitung heißt, den anderen gehen zu lassen, ihn nicht festzuhalten, sondern Sterbenden zu vermitteln, dass sie gehen dürfen, wenn sie dazu bereit sind.
- Sterbende sind Lebende, die Ängste und Wünsche, Enttäuschungen und Hoffnungen in sich tragen.
- Sterbebegleitung heißt, zu verstehen, was Sterbende ängstigt und wonach sie sich sehnen.
- Sterben ist ein einmaliger Prozess, den jeder Mensch individuell erlebt und vollzieht.
- Sterbebegleitung ist eine Suchbewegung mit dem Sterbenden, um die Wegstrecke zu erkunden, die dem Einzelnen gut tut.
- Sterben ist ein Weg, den jeder allein beschreitet.
- Sterbebegleitung respektiert diese Grenze. Sie kann dem Sterbenden sein Sterben nicht abnehmen, begleitet ihn aber auf seinem Weg und stellt keine Normen für ein „gutes Sterben“ auf.
- Sterben geht oft einher mit körperlichen Schmerzen, aber auch mit Atemnot und Erbrechen.
- Sterbebegleitung sorgt dafür, dass eine Schmerztherapie eine spürbare Erleichterung bringt und andere körperliche Beschwerden durch eine palliative Pflege gemildert werden.
- Sterben betrifft nicht nur die Sterbenden, sondern auch deren Angehörige.
- Sterbebegleitung geht auf die Ängste und Bedürfnisse der Angehörigen ein, berät sie, würdigt ihr Tun, ahnt ihre Ängste und ermutigt sie, ein familiäres oder professionelles Pflegenetzwerk zu knüpfen und auch für sich selbst zu sorgen.

- Sterben kann begleitet sein von akuter Unruhe, Zuständen von Verwirrtheit, einem Dahindämmern, wahnhaften Vorstellungen oder einem Bewusstseinsverlust.
- Sterbebegleitung hilft, diese Symptome zu verstehen und medikamentös zu lindern. Sie zeigt Angehörigen Wege auf, Sterbenden nahe zu sein, indem sie zu ihnen sprechen, sie körperlich berühren und ihre Sinne beleben.
- Sterben wird durch die Art der Erkrankung beeinflusst. Anzeichen des Todes weisen darauf hin, dass das Sterben bald bevor steht.
- Sterbebegleitung weist auf diese Anzeichen hin, um sich zu verabschieden. Sie begleitet Angehörige in dieser Zeit, um nicht allein zu sein und die nächsten Schritte nach dem Eintritt des Todes in Ruhe vollziehen zu können.

5 Demenzkranke Angehörige begleiten

Wie kann es Ihnen als Angehörige gelingen, den Partner, Vater oder Mutter, die an einer Demenz erkrankt sind, in ihrer Welt zu erreichen? Wie können Sie ihnen im Sterben nah sein, wenn schon der Zugang im Leben nicht immer leicht fällt? Die Frage, wie demenziell Erkrankte sich und ihre Welt wahrnehmen, wird zur Schlüsselfrage, um sie besser zu verstehen und auf sie einzugehen.

Es tut weh und löst Angst aus, Veränderungen im Verhalten und Denken eines dementen Angehörigen zu bemerken. Angehörige ahnen, sich von der Person, die sie kannten und ihnen vertraut war, Schritt für Schritt verabschieden zu müssen. Das ist ein mühsamer Prozess, der auch mit schmerzlichen Erfahrungen einhergeht.

„Die Diagnose ist schleichend gewesen", so berichtet Herr W. „Das heißt, wir haben das nicht von heute auf morgen erfahren. Wir brauchten neue Reisepässe. Im Einwohnermeldeamt sagte plötzlich meine Frau zu mir: ‚Ich kann überhaupt nicht mehr schreiben.' Das kann doch nicht sein. Sie hat immer eine gestochene Handschrift gehabt. Technische Zeichnungen ein Meter mal einen Meter am Reißbrett alles ohne Schablone beschriftet und geschrieben wie gestochen. Und da hab ich gesagt: ‚Das kann doch gar nicht sein. Schreib mal deinen Namen.' Und dann übte sie, ihren Namen zu schreiben. Doch mit der Zeit wurde es immer schlechter. Mein Sohn sagte zu mir: ‚Irgendwas ist mit der Mutter. Sie kann gar keine Unterhaltung mehr führen, sie wechselt plötzlich das Thema, sagt etwas ganz anderes und hört nicht mehr zu.' Als wir später vom Chefarzt die Diagnose erfuhren, war das für uns nieder-

schmetternd, zumal uns der Krankheitsverlauf als fortschreitend und unaufhaltsam geschildert wurde.
Sie saß oft reglos den ganzen Tag in ihrem Sessel am Fenster, die Toilette konnte sie nicht mehr allein aufsuchen, auch nicht allein essen und trinken. Das dauerte am Ende ein bis eineinhalb Stunden, aber dann gab es Momente, wo sie kurz lächelte, und ich war froh, dass unsere Liebe bis zum letzten Tag hielt."

Von nahen Angehörigen erfordert eine solche Krankheit, sich ganz neu auf ihre demenzerkrankten Familienangehörigen einzulassen. Der Demenzerkrankte ist dazu nicht mehr fähig. Begleitende Angehörige nähern sich ihnen durch zuwendende Wertschätzung, sie entdecken, was dem anderen gut tut, und sie erweitern ihr fachliches Wissen, um ihren vertrauten Angehörigen in ihrer gegenwärtigen Welt zu begegnen.

Wie der demenziell Erkrankte seine Welt wahrnimmt

Die Angst an Demenz zu erkranken, begegnet uns noch immer als ein Schreckgespenst, das uns die Kontrolle über unser Leben entreißt, die Orientierung erschwert und uns unserer geistigen Fähigkeiten beraubt, zumal prognostiziert wird, dass die Zunahme der Demenzerkrankten von heute 1,3 Millionen bis zum Jahre 2050 eine Verdoppelung erfahren wird. Die Krankheit schreitet unaufhaltsam fort und der stärkste Risikofaktor an ihr zu erkranken, liegt im Alter. Während von den 60-Jährigen nur jeder Hundertste betroffen ist, bei den 80-Jährigen jeder Zehnte, so ist es bei den über 90-Jährigen jeder Dritte.

Doch Demenz ist kein einheitliches Krankheitsbild. Es gibt unterschiedliche Formen von Demenzerkrankungen, auch wenn eine demenzielle Grundsymptomatik dadurch geprägt ist, dass das Gedächtnis, aber auch Funktionen des Denkvermögens, der

Urteilsfähigkeit und die Verarbeitung von Informationen beeinträchtigt sind. Darüber hinaus weisen aber auch die Aktivitäten des täglichen Lebens Defizite auf, die in den einzelnen Stadien der Erkrankung zunehmen. Die meisten Formen der Demenzerkrankungen sind fortschreitend und unumkehrbar.

Die Symptome bei einer schweren Demenz unterscheiden sich in der letzten Lebensphase von einer leichtgradigen oder mittelschweren Demenz durch den Schweregrad ihrer Beeinträchtigung. Am Beispiel der Alzheimer-Demenz, die am häufigsten vorkommt, lässt sich das gut illustrieren.

In einem frühen Stadium fallen Angehörigen Wortfindungsstörungen und Ausfälle im Kurzzeitgedächtnis auf, die jedoch oft gekonnt überspielt werden. Dennoch reagieren Personen in ihrem Erleben und Verhalten verändert, indem sie ängstlich und ratlos erscheinen, Stimmungsschwankungen unterworfen sind und antriebsarm reagieren. Sie können sich schwer konzentrieren und leiden unter depressiven Verstimmungen.

Im fortgeschrittenen Stadium, der mittelschweren Alzheimer-Demenz, treten nun auch Ausfälle im Langzeitgedächtnis auf. Affekte sind schwer vorauszusagen und der Erkrankte zeigt panische Reaktionen. Er spricht weniger, seine Fertigkeiten gehen zurück und es treten Störungen auf, sich in vertrauter Umgebung zu orientieren. Zeichen von Unruhe und Aggressivität, aber auch Wahn und Sinnestäuschungen sind zu beobachten.

Im Spätstadium, der schweren Form der Alzheimer-Demenz, liegt ein massiver Gedächtnisausfall vor. Der Erkrankte ist persönlich desorientiert und wirkt apathisch, abgestumpft und desinteressiert, aber auch aggressiv. Sein Wortschatz ist auf wenige Worte oder Lautäußerungen reduziert, er reagiert unkontrolliert, zeigt stereotype Bewegungsabläufe, ist immobil, leidet unter Harn- und Stuhlinkontinenz. Im letzten Stadium der Erkrankung ist er oft bettlägerig.

Über die Körpersprache ist ein Zugang aufrechtzuerhalten. Die Krankheitsdauer beträgt im Durchschnitt acht bis zehn Jahre, meist sterben die Patienten an einer Sekundärinfektion wie einer Lungenentzündung.

Der Psychiater Jan Wojnar (2007) vergleicht die Welt der Menschen, die an einer mittelgradigen oder schweren demenziellen Erkrankung leiden mit dem Zustand, wie der Gesunde die Traumphasen im Schlaf erlebt. Das Traumerleben ist bildhaft, symbolisch und ungeordnet. Zeitliche und räumliche Strukturen sind nicht eindeutig zuzuordnen, das Erleben ist emotional aufgeladen, wobei Freude und Ärger, Angst und tiefe Betroffenheit vorherrschen. Szenen und Personen wechseln in schnellem Tempo einander ab, die Bildsprache herrscht vor und eine logische Verknüpfung ist schwer auszumachen. Es ist eine Welt, in der die Wirklichkeit fantastisch abgebildet wird und nach dem Erwachen oft nur bruchstückhaft enträtselt wird.

> *„Vielleicht", so konstatiert Jan Wojnar provozierend, „ist also die Welt der Demenzkranken nicht so fremd und unverständlich, wie immer noch gedacht wird. Vielleicht tauchen wir Nacht für Nacht kurz in diese Welt ein … Warum wundert uns dann das Verhalten der Demenzkranken?"* (Wojnar 2007, 73)

Die Vorstellung, dass der Demenzerkrankte sich als Kind, im nächsten Augenblick als Jugendlicher, dann wieder als Ehemann wahrnimmt, sich also in wechselnden Rollen erlebt, die blitzschnell aufeinander folgen, gehört heute in der Fachliteratur zur gängigen Beschreibung, um die Welt der Dementen begreifen zu können.

Es hat sich so viel verändert

Vor Beginn eines Seminars für Pflegekräfte über den Umgang mit Demenzerkrankten hatte ich lediglich die Hausnummer unserer Einrichtung verdeckt, sodass nur das Schild unseres Instituts sichtbar war. Einige der Teilnehmer äußerten sich gleich zu Beginn sehr verärgert, dass sie die Straße mehrmals auf- und abgefahren wären, doch keine Hausnummer entdecken konnten. Diese Reaktionen bildeten einen guten Einstieg in unser Tagesseminar. Den Seminarteilnehmern fehlte nur eine Hausnummer, Demenzerkrankte erleben Veränderungen auf der kognitiven Ebene, im Verhalten, in den Aktivitäten des täglichen Lebens und in ihrer emotionalen Befindlichkeit. Mit all diesen Symptomen werden Pflegekräfte, aber auch pflegende Angehörige täglich konfrontiert. Zu den einzelnen Symptomen auf der Verhaltensebene, die bei Demenzkranken auftreten und bei pflegenden Angehörigen häufig Stressreaktionen auslösen, gehören:

- aggressives Verhalten,
- Schreien und Ruhelosigkeit,
- Agitiertheit,
- unangemessenes Verhalten,
- enthemmtes Sexualverhalten,
- Sammeln und Horten,
- Schlafstörungen,
- gestörtes Essverhalten,
- Wahnvorstellungen,
- Halluzinationen,
- depressive Verstimmtheit und
- Angst.

Wenn Sie mit einem Familienangehörigen, der an einer Demenz erkrankt ist, in der Häuslichkeit zusammenleben, werden Sie 24 Stunden beansprucht und mit unterschiedlichen Verhaltensweisen konfrontiert.

Sie hören immer und immer wieder die gleiche Frage, Informationen werden nicht mehr behalten, Gegenstände gehen verloren oder werden an einen Platz geräumt, wo sie nicht hingehören. Es wird vergessen, welcher Tag heute ist und in welchem

Monat wir leben. Nachts werden Sie mitunter geweckt. Am Tag wird Ihnen heftig widersprochen und Sie werden, was sehr weh tut, nicht mehr als Sohn, Tochter oder Ehefrau erkannt.

Sie erleben Ihre vertrauten Angehörigen depressiv, verwirrt und klagend. Da Demente oft glauben, anderen Menschen zur Last zu fallen und sich nicht verstanden fühlen, erleben sie sich wertlos und zu nichts nütze. Im Haushalt tun sie Dinge, die für sie selbst wie für andere gefährlich sind.

Diese Symptombeschreibung erfasst, womit Sie sich möglicherweise als Angehörige im Laufe der Jahre auseinandersetzen müssen, wenn der Mensch, den Sie lieben und schätzen, an Demenz erkrankt.

Pflegende Angehörige, die von sich fordern, immer verständnisvoll auf diese Verhaltensauffälligkeiten zu reagieren, überfordern sich und geraten oft in einen Strudel von Schuldgefühlen. Wenn Sie sich aber das folgende Fünf-Punkte-Programm zu eigen machen, werden Sie mit den Verhaltensauffälligkeiten Ihrer demenzerkrankten Angehörigen zwar nicht stressfrei, aber ein wenig gelassener umgehen können.

Fünf-Punkte-Programm für Angehörige

- Ich akzeptiere, dass mein Angehöriger an Demenz erkrankt ist, informiere mich über das Krankheitsbild und suche mir Hilfe (Literatur, eine Gesprächsgruppe für Angehörige, Personen, die mich unterstützen und zeitweilig entlasten).
- Das Verhalten meines Angehörigen nehme ich nicht persönlich, sondern als Ausdruck seiner Krankheit.
- Wo Ärger, Wut und Verzweiflung in mir hochkommen, lasse ich sie nicht an meinem demenzerkrankten Angehörigen aus, sondern lebe sie an einem anderen Ort. Manchmal reicht es schon, einfach das Zimmer zu verlassen.

- Ich weiß, womit sich mein Angehöriger vor seiner Erkrankung in Freizeit und Beruf gern beschäftigte und entdecke mit ihm, was davon noch gelebt werden kann (singen, wandern, kochen, berufliche Tätigkeiten).
- Wenn ich an die Grenze meiner eigenen Belastbarkeit komme, sorge ich dafür, dass es meinem Angehörigen in einer demenzgerechten Einrichtung besser geht als in der häuslichen Umgebung. Ich bringe mein biografisches Wissen ein und halte zu ihm den Kontakt aufrecht durch Berührungen, Spaziergänge und Ausfahrten, im Anschauen von Fotos, im Zuhören und Erinnern und durch praktische Hilfe, indem ich Essen reiche oder kleine Besorgungen mache.

Wenn Sie diese Orientierungen verinnerlichen, indem Sie auch für sich sorgen, begegnen Sie Ihren demenzkranken Angehörigen vielleicht mit mehr Gelassenheit. Als Gesunde tragen Sie freilich für die Gestaltung dieser Beziehung die Hauptlast. Die Beziehung zwischen Eheleuten oder zwischen Kindern und ihren Eltern verliert ihr Gleichgewicht. Die Verantwortung geht ganz auf die gesunde Seite über, aber die emotionale Beziehung kann sich auch vertiefen und bisher neue und beglückende Erfahrungen bereithalten.

Herr H. vergisst immer alles, er ist dement. Manchmal weiß er nicht mehr, was er vor fünf Minuten getan hat. Ohne die Hilfe seines Sohnes Bernd ginge vieles nicht mehr. Herr H. war Manager. Der Sohn hat im Marketing gearbeitet, studiert noch einmal. Die beiden sind ein gutes Team. Das war nicht immer so. Am Anfang der Krankheit war Vater H. depressiv, bis er vergessen hat, dass er vergisst. Bernd sagt, sein Vater hat inzwischen diese gnädige Schwelle überschritten. Bernd steht vorm Examen, doch die Zeit mit dem Vater nimmt er sich. Er will das Beste aus der Situation machen. „Speziell in unserer Situation“, so bemerkt er, „war die Vater-Sohn-Beziehung ja von Anfang sehr belastet. Mein Vater war eigentlich emotional nie präsent. Später hatte ich dann in der Pubertätsphase sehr große Schwierigkeiten mit ihm, weil ich mit dieser Situation nicht klarkam. Bin dann ausgezogen, dann hatten wir ein sehr distanziertes Verhältnis. Das hätte sich vermutlich ohne diese Krankheit nie geändert. Diese Nähe, die er jetzt zulassen kann, die wir jetzt haben, seit ein paar Jahren, die ist nur durch die Krankheit möglich geworden. Er hätte vermutlich sonst nie diese Distanz und diese Fassade, die er brauchte, aufgegeben. Und das genieße ich. So brutal wie es klingt, aber es ist auch ein Vorteil dieser Krankheit.“ (Claus, Witzke 2010, Medien)

Bedürfnisse und Wünsche sterbender Menschen

Was sind die elementaren Bedürfnisse und Wünsche sterbender Menschen und inwieweit können Angehörige diese Bedürfnisse erkennen und zum Wohlbefinden ihrer Schwerkranken und Sterbenden beitragen? Welche besonderen Schwierigkeiten türmen sich für Angehörige auf, die ihre dementen Partner pflegen und im Sterben begleiten? In unserem Kulturkreis ist die Angst vor dem Tod der Angst vor einem Sterben gewichen, das durch Schmerzen, Isolation, Heimaufenthalt und lebensverlängernde Maßnahmen geprägt ist.

Der Palliativmediziner Domenico Borasio (2012) berichtet, dass sich drei Viertel seiner Zuhörer in Befragungen nach ihrem Wunsch zu sterben für einen Sekundentod entscheiden, das übrige Viertel für einen Tod, der sich bei bester Palliativbetreuung und klarem Bewusstsein über zwei bis drei Jahre erstreckt. Nur einzelne signalisierten ihre Zustimmung für ein langsames Sterben an einer Demenzerkrankung, wenn sie in diesem Zeitraum von circa acht Jahren bestens palliativ versorgt würden.

Dass die Wirklichkeit den Wünschen der Befragten entgegensteht, verdeutlichen die tatsächlichen Todesfälle. Weniger als fünf Prozent sterben einen plötzlichen Tod, während 50–60 Prozent an einer fortschreitenden Erkrankung sterben, die sich über einen Zeitraum von zwei bis drei Jahren erstreckt. Die Erkrankung Demenz wird in Zukunft auf 30–40 Prozent der Todesfälle ansteigen (Borasio 2012). Wenn dies auch nur eine prognostische Tendenz anzeigt, so lohnt es sich dennoch über die Konsequenzen nachzudenken.

Die Bedürfnisse Sterbender beziehen sich auf physische (körperliche) Bedürfnisse, psychosoziale und schließlich spirituelle Bedürfnisse. Zu den *physischen Bedürfnissen* Sterbender zählen vor allem:

- körperliche Schmerzlinderung,
- freie Atmung,
- Wärme,
- Schlaf,
- Körperhygiene,
- Nahrung und Flüssigkeit,
- Anregung der Sinne und
- Berührung.

Zu den *psychosozialen Bedürfnissen* zählen:

- psychische, emotionale und soziale Aspekte, die zum Wohlfühlen Sterbender und ihrer Angehörigen beitragen,
- Selbstwertgefühl und Selbstwahrnehmung,
- Krankheitsverarbeitung und -bewältigung,
- Kommunikation,
- soziale und finanzielle Belange und
- Beziehungen zu anderen.

Zu den *spirituellen Bedürfnissen* zählen:

- die Suche nach dem Lebenssinn,
- Antworten auf die Fragen, was mir im Leben und Sterben Halt gibt?
- Spiritualität, die aus religiösen Quellen oder geistigen Grundhaltungen lebt, ermutigt, Antworten auf die Grundfragen des Lebens zu suchen. (Huber/Casagrande 2011)

Diese Aufzählung der Bedürfnisse Sterbender vermittelt eine erste Orientierung, was für sie wichtig ist. Wie ein Sterbender seine Situation aber verarbeitet, erlebt und bewältigt, ist von vielen anderen Faktoren abhängig. Zu den besonderen Lebensumständen, in die ein Sterbender eingebettet ist, gehören:

- Art und Intensität der Erkrankung,
- Schmerzintensität,
- familiäre und soziale Beziehungen,
- Gesundheitszustand und psychische Stabilität pflegender Angehöriger,
- Unterstützung durch Pflegedienste, Wohnsituation und finanzielle Ressourcen.

Doch auch die biografischen Einflüsse prägen das Erleben und Verhalten sterbender Menschen. Zu ihnen gehören:

- positive und stützende Erfahrungen aus der eigenen Lebensgeschichte,
- die Auseinandersetzung mit und die Bewältigung von Krisen,
- kognitive Überzeugungen und konstruktive oder destruktive Verhaltensmuster und
- die Fähigkeit, die eigene Biografie mit ihren Licht- und Schattenseiten anzunehmen. (Kruse 1996)

Diese geschilderten Lebenssituationen und die Prägungen durch die eigene Biografie lassen ahnen, dass der sterbende Mensch seine Situation individuell erlebt und verarbeitet. Das zeigen auch die folgenden Wünsche Schwerstkranker und Sterbender, um noch einmal am Leben teilzuhaben.

„Ich erinnere mich“, so berichtet eine Koordinatorin des stationären Hospizes Advena, „da hatten wir einen Bewohner, der kam zu uns, als der Zoo bei uns in Leipzig fertig umgestaltet war mit seiner einzigartigen Menschenaffenanlage und der faszinierenden Tropenerlebniswelt. ‚Das ist richtig gemein. Ich hab 50 Jahre 'ne Zoodauerkarte gehabt. Und jetzt, wo der Zoo so schön ist, jetzt bin ich hier und kann das alles nicht mehr erleben.‘ Nachdem er das zum zweiten Mal geäußert hat, so nebenbei bei der Pflege, haben wir gesagt: ‚So okay, das wollen wir doch erst mal sehen.‘
Es war ein furchtbar heißer Sommertag. Da sind wir mit fünf Bewohnern, die noch rollstuhlmobil waren, mit einer großen Tasche mit Verbandsmaterial und Medikamenten zu unserem Zoobesuch gestartet und haben uns die neuen Anlagen angeschaut. Am Ende unseres Rundgangs, ganz in der Nähe des Ausgangs, stand noch so 'ne richtig schöne Bockwurstbude. Neben ihr stand eine große Kastanie und eine Bank lud zum Verweilen ein. Und da haben wir uns dann noch mal ein Päuschen gegönnt. Und hinterher war die einhellige Meinung: ‚Also, die Löwen waren toll und auch die Affen, das war alles klasse, aber am schönsten war die Pause bei Bockwurst und Bier.‘“

Manchmal wünschen sich auch Angehörige, schwierige familiäre Verhältnisse in Ordnung zu bringen, noch einmal den Sohn oder die Tochter zu sehen, obwohl der Kontakt seit vielen Jahre ruhte, oder den Lebenspartner zu heiraten, mit dem sie Jahrzehnte zusammenlebten.

„Wir wollten immer heiraten", erzählte Frau L., die seit einigen Wochen im Hospiz lebte. „Doch dann bin ich krank geworden. Da haben wir uns gesagt: Wenn's besser wird, dann heiraten wir. Aber es ist nicht besser geworden. Und so unordentlich will ich doch nicht auf den Friedhof. Dann haben wir eben noch im Hospiz geheiratet."

Die Wünsche Schwerkranker und Sterbender sind individuell geprägt und stark abhängig von der eigenen Lebensgeschichte mit ihren psychosozialen und spirituellen Bedürfnissen. Die körperlichen Bedürfnisse hingegen sind eher allgemeiner Natur, da sich wohl jeder wünscht, die letzte Wegstrecke schmerzarm und ohne Luftnot zurückzulegen. Gerade in der häuslichen Sterbebegleitung gehen pflegende Angehörige auf die Bedürfnisse und Wünsche ihrer Schwerkranken ein, doch oft vernachlässigen sie ihre eigenen Wünsche und Bedürfnisse sträflich.

Gefühle ansprechen, Sinne beleben und Aktivitäten fördern

Da in der Demenz die kognitiven Fähigkeiten zurückgehen, werden pflegende Angehörige auch Wege beschreiten müssen, um eine neue Beziehungskultur zu entdecken, in der die kognitiven Fähigkeiten nicht mehr im Mittelpunkt stehen.

Das Wohlbefinden in der Demenz ist ja wesentlich vom Gefühl abhängig, vom Gefühl, geschätzt und anerkannt zu werden, etwas tun zu können; es ist abhängig vom Gefühl, mit anderen in Kontakt zu stehen, einfach dazuzugehören und das Gefühl von Freude, Sicherheit und Hoffnung zu spüren. Im Anfangsstadium der Erkrankung leiden Demente unter den kognitiven Einbußen, sodass sie ratlos, ängstlich und manchmal im Blick auf die Zukunft Scham empfinden, wenn sie ahnen, was alles noch auf sie zukommen könnte.

Der Ruhestand könnte für Barbara und Sepp so schön sein, wenn da nicht die Diagnose Alzheimer wäre. Die Krankheit kam schleichend bei Sepp. Er verlief sich, fragte dreimal das Gleiche. „Manchmal tut es einem schon selber weh, wenn Gedächtnisverlust da ist. Mensch, was hab ich vor 'ner Stunde gerade gemacht und dann fragen muss, ‚du Barbara, was hab' ich gerade vorhin gemacht', man kommt sich schon hilflos vor. Und wenn man dann so manchmal hört, was noch schlimmer sein kann, mit Wickeln und Windeln, die man anziehen muss, dann hoffe ich, dass es nicht so weit kommt.
Die Ärzte machen, was sie machen können. Wie weit es fortschreitet, weiß ich nicht, weiß keiner." (Claus/Witzke 2010)

Validation

Einfühlendes Verstehen ist der Schlüssel, die innere Erlebniswelt des dementen Partners zu erspüren, ihn in seiner gegenwärtigen Welt zu erreichen und zu verstehen. In der Pflege wird daher bezüglich der Kommunikation mit dementen Personen seit über zwei Jahrzehnten eine Gesprächsmethode eingeübt, die unter den Begriffen „Validation" (Feil/de Klerk-Rubin 2013) oder „Integrative Validation" (Richard 1999) einen besseren Zugang zur Welt der Dementen erschließt.

Validieren heißt, die Person wertzuschätzen, ihre Gefühle und Antriebe zu bestätigen. Dieses Wertschätzen geht auf Emotionen und Haltungen ein, die der Demente ein Leben lang hoch geschätzt hat (Fleiß, Sorge um die Familie, Ordnung, Unabhängigkeit, im Mittelpunkt stehen) oder auf Gefühle und Antriebe, die er im Moment wahrnimmt.

Wenn sich eine Person tief im Inneren verstanden fühlt, trägt das zu ihrem Wohlbefinden bei. Angehörige bestätigen also die Gefühle, die wesentlichen Antriebe und lassen sich auf die emotionale Befindlichkeit des dementen Partners ein. Das erfordert von ihnen ein kolossales Umdenken. Sie werden demenziell Erkrankte nicht mehr mit der Wirklichkeit konfrontieren, mit logischen Argumenten zu überzeugen versuchen, da diese all das eben nicht mehr nachvollziehen können und sich darin auch nicht mehr verstanden fühlen.

„Nach dem Mittagessen stehe ich mit Frau E., unserer dementen Mitbewohnerin, die bereits die Neunzig überschritten hat, am Gartenzaun unseres Hauses. Als ein älteres Ehepaar vorbeikommt, sagt sie: ‚Bringen Sie mir doch 'ne Scheibe Brot, ich muss hier verhungern.' Mit dieser Bitte konnte ich noch ganz gut und gelassen umgehen. ‚Du freust dich schon sehr, wenn es wieder etwas zu essen gibt.' Peinlich war es mir aber dann doch, als die beiden mit zwei Scheiben Brot wieder am Gartenzaun standen. Ich bedankte mich bei ihnen artig für ihre Fürsorge, fügte aber dann doch hinzu, dass Frau E. es unheimlich schnell vergisst, wann sie das letzte Mal gegessen hat."

Essen zu verstecken, um nicht zu verhungern, ist bei dementen Personen, die die Auswirkungen des Krieges noch erlebten, häufig zu beobachten. Andererseits essen und trinken Demente zu wenig und wissen oft nicht mehr, wann sie die letzte Mahlzeit eingenommen haben.

Ihre rastlose Aktivität (Agitiertheit) ist eine Verhaltensauffälligkeit, die nicht selten das Erscheinungsbild in der Demenz prägt. Eine ältere, fast 90-jährige demenzkranke Frau legte im Heim, so berichtet Jan Wojnar erstaunt, täglich bis zu 46 Kilometer zurück. Bei der architektonischen Gestaltung von Heimen für Demenzbewohner wird dieser Bewegungsdrang insofern berücksichtigt, als die Gänge als Rundläufe angelegt werden.

„Ich laufe einer aufgeregten und unruhigen Frau aus unserem Heim hinterher, die bereits die Straße entlang eilt", so berichtet eine erfahrene Pflegekraft. ‚Ich muss zum Bahnhof, meinen Mann abholen, er kommt nicht heim', äußert die demenzerkrankte Heimbewohnerin sehr aufgebracht, als ich ihr den Arm reichte, um mit ihr ins Heim zurückzukehren. Doch hartnäckig und aufgeregt wiederholt sie ihr Ansinnen. Nun biete ich ihr meine Begleitung an und spreche ihre Sorgen und Ängste an. Es wird deutlich, dass ihr Mann noch nie zu spät nach Hause kam. Langsam wird sie ruhiger, wir gehen noch ein gutes Stück, bis ich mit der erschöpften Frau wieder im Heim ankomme." Im Gespräch bleiben ihr Lebensstil und ihre Sorge gegenwärtig. Wandern ist aber nicht nur Ausdruck ihrer inneren Unruhe, sondern bietet auch die Möglichkeit, diese abzubauen. Indem die Pflegekraft auf die Sorge der dementen Bewohnerin einging und diese würdigte, fühlte sie sich verstanden und vertraute ihr.

Um gezielt Gefühle anzusprechen, Sinne zu beleben und Aktivitäten bei Dementen zu fördern, stehen Ihnen drei methodische Ansätze hilfreich zur Seite. Neben der Integrativen Validation, die auf der sprachlichen Ebene den Zugang zu dementen Angehörigen belebt, indem sie das einfühlende Verstehen praktiziert, ist es sinnvoll, die Sinneswahrnehmung anzuregen und die in der eigenen Biografie verwurzelten Aktivitäten zu fördern.

Basale Stimulation

Wo die sprachliche Verständigung immer weniger zur Verfügung steht, regt die Basale Stimulation die Sinneswahrnehmung an und schafft eine Verbindung zu dementen Angehörigen bis in die letzte Phase des Sterbens hinein. Bei der Basalen Stimulation kommt es zunächst darauf an, dass Sie überlegen, auf welchem Sinneskanal Ihr Angehöriger gut zu erreichen ist.

Gemeinsam können Fotos angeschaut werden, die Vertrautes wachrufen. Musik erregt die Aufmerksamkeit, weil die Stimme und das Lied in glückliche Zeiten entführt, Erinnerungen weckt, tröstet und Geborgenheit vermittelt. Ein Lieblingsgericht oder Getränk, deren Duft und Geschmack Erinnerungen auslösen, stärken die innere Zufriedenheit. Wenn Hand und Körper sanft berührt und gestreichelt werden, so wird das der demente Angehörige als wohltuend empfinden, wenn er sich körperlich spürt und ihm dieses Berühren vertraut ist.

Die Zehn-Minuten-Aktivierung

Wo ein dementer Angehöriger einen inneren Zugang zu einer Beschäftigung empfindet, Aktivität sein privates und berufliches Leben prägte, vermittelt ihm die Zehn-Minuten Aktivierung ein tiefes Wohlgefühl. Das kann die Hilfe beim täglichen Abwasch sein oder das Zusammenlegen der Wäsche oder auch nur das Entdecken des Handwerkszeugs, mit dem er seinen Lebensunterhalt verdiente.

Eine Ehefrau hat ihrem dementen Mann zu Hause ein kleines Postbüro eingerichtet, in dem er vormittags eifrig die Briefe sortiert und stempelt. Am Schreibtisch zu sitzen, die Buchhaltung zu erledigen, ein Seminar vorzubereiten oder den Weg zu fegen, um den eigenen Hof sauber zu halten, all das sind Bereiche, wo der Einzelne für Momente in seine Lebenswelt eintaucht und ganz zufrieden ist.

Wenn durch diese drei Methoden Gefühle, Sinne und das aktive Tun in spezifischer Weise angeregt werden, so gewinnt die Basale Stimulation in der Sterbephase besondere Beachtung.

Im Sterben nah sein

Das Sterben in der Demenz ist ein langer Prozess. Denkfähigkeit und Gedächtnis lassen bereits jahrelang vor dem physischen Tod massiv nach. Die Begleitung Demenzerkrankter ist eben auch die Begleitung ihres Rückzugs aus der Welt, unabhängig davon, ob die Demenzkranken diesen noch bewusst wahrnehmen.

Bei Angehörigen fördert dieses lange Abschiednehmen eine Trauer zu Tage, die die Trauer um den physischen Tod ein wenig vorwegnimmt. Der Internist und Sozialmediziner Erich Grond spricht vom „sozialen Tod", weil Demenzkranke den „kommunikativen Tod vor dem klinischen" sterben. (Grond 2004) Darüber hinaus führt er an, dass Demenzkranke Schmerzen und Atemnot, Inkontinenz und Schluckstörungen nicht mehr ausreichend kommunizieren können, sodass sich Angst und Einsamkeit verstärken. Das erklärt, warum Pflegende und Angehörige die nonverbalen (körperlichen Signale) genau beobachten müssen, damit sinnvolle pflegerische und medizinische Behandlungsschritte die Sterbesituation erleichtern.

Eine Besonderheit, die den Sterbeprozess Demenzkranker beschreibt, liegt darin, dass sie das Krankheitsgefühl, die Wahrnehmung für ihre Vergesslichkeit verlieren und die kognitiven und intellektuellen Ausfälle nicht mehr so bewusst registrieren. Ihr Leben ist bestimmt durch eine momentane Gegenwärtigkeit. Die Zukunft ist kognitiv nicht mehr vorstellbar, sie kann nicht erdacht werden. Wenn die Vorstellung des eigenen Todes aber an die Fähigkeit geknüpft wird, zeitliche Abläufe bewusst zu konstruieren, dann werden Demenzkranke kein Bewusstsein entwickeln, dass sie sterben werden. So die gängige Auffassung, die in der Literatur vorherrscht. (Pröllochs 2010)

Diese Vermutung lässt den Schluss zu, dass der Auseinandersetzung mit der eigenen Lebensbilanz, den Fragen von Schuld und Wiedergutmachung, den Sinn im eigenen Leben aufzuspüren, nicht mehr nachgegangen werden kann. Dennoch sind die Bedürfnisse demenziell Sterbender genauso vorhanden wie bei den Gesunden, aber sie können nicht mehr sprachlich artikuliert werden, sondern müssen von begleitenden Angehörigen einerseits biografisch erinnert und andererseits über Körperhaltung,

Atmung, Mimik und Gestik entschlüsselt werden. Neben einer genauen Beobachtung ist das Zutrauen in die eigene Intuition unerlässlich, um zu spüren, was Demenzkranken gut tut.

„Frau T. kam zu uns mit einem Hirninfarkt. Sie nahm keine Nahrung und keine Flüssigkeit mehr zu sich“, erzählte die stellvertretende Pflegedienstleiterin des Hospizes in Oederan. „Mit ihren Augen verfolgte sie zeitweise das im Zimmer anwesende Personal. Den Arm ihrer nicht gelähmten Körperseite benutzte sie vorwiegend abwehrend. Frau T. hatte eine gerichtlich bestellte Betreuerin, da Angehörige nicht zur Verfügung standen. Sie teilte uns mit, dass Frau T. vor ihrer Einweisung in eine Pflegeeinrichtung in einer relativ ungepflegten Wohnsituation angetroffen wurde – die mit in der Wohnung lebende Katze wäre jedoch sehr gut gepflegt und in einem guten Allgemeinzustand gewesen. Über die Unterbringung des Tieres wusste sie allerdings nichts. Eine unserer Kolleginnen brachte für Frau T. eine Plüschkatze mit. Frau T. berührte diese mit ihrer nicht gelähmten Hand bis sie wenige Stunden danach starb.“

6 Wenn ein Kind stirbt

„Mit meinem Kind im Herzen bin ich unterwegs auf neuen Wegen.“ (Ausspruch einer Mutter, die ihr Kind frühzeitig verloren hat.)

Das eigene Kind zu verlieren, gehört zu den schlimmsten Erfahrungen, die ein Mensch sich vorzustellen vermag. Stirbt mein Kind vor mir:

- bleibt die Welt stehen,
- falle ich in ein tiefes Loch,
- frage ich mich, warum mir das passiert und wofür ich bestraft werde,
- sehne ich mich aber auch nach Menschen, die mir wirklich zuhören, denen ich mich mit meiner Trauer und meinem Schmerz zumuten darf und die meine Angst vor der Zukunft – ohne mein Kind – mit mir aushalten.

Wenn mein Kind vor mir stirbt, ist die normale Abfolge der Generationen durchbrochen. Kindheit verbinden wir in unserem Denken und Fühlen mit Aufbruch und Leben, mit einem neuen Anfang. Kinder sind wie der Frühling des Lebens, auf den Sommer, Herbst und Winter folgen. Den Tod im Alter nehmen wir in der Regel leichter an, aber auch dann noch fällt es uns unendlich schwer, nahe Angehörige loszulassen. Der Tod von Kindern hingegen bleibt unbegreiflich, unannehmbar. Es ist ein vorzeitiger Tod. Er ist wohl die schlimmste Erfahrung, die Eltern miteinander teilen und zu tragen haben. Mit dem Tod ihres Kindes stirbt die Hoffnung, die sie für ihr Kind in sich tragen. So verlieren sie die Perspektive für ihr Kind und für ihre eigene Zukunft, die sie mit ihrem Kind so gern geteilt hätten.

Der Weg zurück in ein verändertes Leben ist für Eltern, die ihr Kind durch Fehl-, Totgeburt oder plötzlichen Kindstod, durch Unfall, eine lebensverkürzende Krankheit, durch Suizid oder Mord verlieren, ein mühsamer Weg, der durch tiefe Trauer, Zweifel und Schuldgefühle hindurchführt.

Abschied vom ungeborenen Kind

Wenn Frauen eine Fehlgeburt beklagen, ein Elternpaar um diesen Verlust trauert, so ist das für die Außenwelt oft ein wenig wahrgenommener Verlust. Doch auch viele Frauen und Paare verschließen das Erlebte in sich. Wo Menschen Verluste erfahren und betrauern, ihnen aber das soziale Umfeld das Recht zu trauern nicht zugesteht, wurde der Begriff der „aberkannten Trauer“ eingeführt. Er trifft für all die Trauer zu, die sozial nicht wahrgenommen wird, weniger Mitgefühl beansprucht oder weniger akzeptiert wird. Situationen, wo:

- eine Trauer sozial nicht anerkannt wird, z. B. Trauer um den geschiedenen Partner, eine außereheliche Liebesbeziehung,
- Betroffenen nicht zugetraut wird, den Verlust zu begreifen, z. B. Kinder, Personen mit geistiger Behinderung und psychischen Störungen,
- Angehörige um Personen trauern, die stigmatisiert sind, z. B. Tod durch Aids, Drogen; Menschen, die Gewalt ausüben und dabei selbst umkommen,
- Menschen in sehr hohem Alter sterben und
- Eltern ihr Kind durch Schwangerschaftsabbruch, Fehl- oder Totgeburt verloren haben.

Frau W. fragt, „Was hat mich bewogen, nicht über mein fehlgeborenes Kind zu sprechen, die Trauer über diesen Verlust nicht auszuleben? Diese nicht gelebte Trauer hat mich in den

vergangenen zweieinhalb Jahren immer begleitet und nie losgelassen. In den letzten Wochen wuchs in mir der Wunsch, mich von meinem zweiten Kind – das ich nicht haben durfte – ganz bewusst zu verabschieden.
Vor gut zweieinhalb Jahren stellte ich überrascht fest, dass ich schwanger war. Eigentlich hatten wir vor, mit der Geburt eines zweiten Kindes noch einige Zeit zu warten. Meine Tochter war damals zweieinhalb Jahre alt. Ich hatte im Jahr zuvor begonnen, als Trauerrednerin zu arbeiten, und ich war dabei, mir als solche eine Existenz aufzubauen. Meine Arbeit machte mir viel Freude, ich wurde inzwischen regelmäßig für Trauerfeiern angefragt. Der Anfang war nicht leicht gewesen, ich hatte mir als Quereinsteigerin ohne Branchenkontakte meinen Platz unter vielen guten Kollegen hart erarbeiten müssen."

Nach dem gelungenen, aber nicht leichten Weg in die Selbstständigkeit wollte sie nicht gleich wieder pausieren, um dann wieder von vorn anfangen zu müssen. Es dauerte einige Wochen bis sie ihr Kind in ihrem Leben willkommen hieß.

„Ich begann, mich auf das Kind zu freuen, fing an, Pläne zu machen. Wir erzählten es den Eltern und Schwiegereltern, die sich sehr über diese Nachricht freuten. Einige gute Freundinnen und Freunde wurden von uns eingeweiht. Sorgen um das Kind machte ich mir nicht."

Doch dann kam alles anders und vollkommen unerwartet, zumal Frau W. ihre erste Schwangerschaft beglückend empfand.

„In der 10. Schwangerschaftswoche bekam ich Blutungen. Voller Angst, aber auch voller Hoffnung fuhr ich zusammen mit meinem Mann zu meiner Ärztin. Sie stellte bei der Ultraschalluntersuchung fest, dass es bei meinem Kind keinen

Herzschlag mehr gab. Es war, ohne dass ich es bemerkt hatte, in meinem Bauch gestorben.
Das sei „ein vollständiger Abort", sagte sie. Ich erinnere mich daran, dass ich auf dem Untersuchungsstuhl in Tränen ausbrach. Diese Nachricht und die damit verbundene Traurigkeit trafen mich mit großer Wucht.
Das komme sehr häufig vor. Jede dritte Schwangerschaft ende in den ersten zwölf Wochen vorzeitig. Nichts spräche dagegen, später nicht wieder schwanger werden zu können – mit diesen Worten versuchte meine Ärztin, mich zu trösten."

Diese vermeintlichen Trostworte überspringen den Schmerz und die Trauer um die plötzlich beendete Schwangerschaft. Sie sind wenig hilfreich. Es sind Billig-Trost-Worte, die die eigene Ohnmacht des Tröstenden nur verschleiern. Die eigene Ohnmacht hingegen zu spüren und zuzulassen, baut wirklich Nähe auf. Eine Nähe, die zulässt, was die andere Seite fühlt und empfindet. Alle Ratschläge hingegen wie: ‚Sei froh, dass du schon ein Kind hast', verletzen und lösen nur tiefes Unverständnis aus.

„Dass dieses gestorbene Kind nicht mit meinem ersten lebenden Kind aufzuwiegen ist, das ist anderen scheinbar nur schwer vermittelbar. Dabei ist mir dieses Kind unersetzbar, auch wenn es nicht leben durfte."

Neben Trauer und Ohnmacht beklagen Frauen, die ihr Kind verloren haben, eine tiefe Einsamkeit. Auf ihren Verlust werden sie kaum angesprochen und können sich selbst schwer öffnen. Sie sind von einer Mauer des Schweigens umgeben und nur wenige wagen es, diese zu durchbrechen.

„Worum sollte ich auch trauern? Schließlich gab es nichts Sichtbares vorzuweisen: das Kind hatte nur in meinem Bauch gelebt. Ich und auch meine Familie hatten es nie kennen ge-

> lernt, es gab nichts, an das ich mich hätte erinnern können und das mich mit ihm verbinden würde. Das Baby hatte kein erkennbares Geschlecht und auch noch keinen Namen bekommen."

Was Frau W. schmerzlich vermisste, waren einfache Rituale, Möglichkeiten, die ihr sonst vertraut waren: Trauer mit anderen zu teilen, sich an den Verstorbenen zu erinnern, von ihm bewusst Abschied zu nehmen, zum Friedhof zu gehen und das Grab zu pflegen – all das konnte nicht gelebt werden.

Die Bemerkung: ‚Wenn du nach deiner Fehlgeburt bald wieder schwanger geworden wärst, würdest du deinem Baby nicht mehr so nachtrauern', empfand sie als eine harte Zumutung. Es ist mutig, eine solche Aussage zu treffen und mutig, sich ihr zu stellen. Diese Aussage jedenfalls beförderte in ihr den Wunsch, für ihr Kind einen Ort zu finden, einen sichtbaren Platz, den es in ihrem Leben bisher für ihr Kind nicht gab, einen Platz, um Abschied zu nehmen.

Rituale sind hilfreich, um in neue Lebenssituationen hineinzuwachsen, Übergänge zu bewältigen und zu begreifen.

Sie lösen Erinnerungen aus, entlasten, strukturieren, können Unerledigtes nachholen und begleiten Personen in einen neuen Zustand (Rituale beim Übergang ins Erwachsenenalter, Hochzeits- und Trauerrituale).

In Ritualen und Symbolen verdichtet sich die Wirklichkeit. In einer Imaginationsübung (Innenweltreise) begegnete Frau W. ihrem Kind. Bei dieser Innenweltreise wurde sie angeleitet und begleitet, innere Bilder wahrzunehmen. Sie wurde aufgefordert, eine innere Treppe hinabzusteigen. Sie stand vor einer Tür, hinter der Tür befand sich ein Raum. Was sie in ihm erlebte, hielt sie am nächsten Tag protokollartig fest.

> „Ich betrete den Raum – dort sehe ich einen Baum, er ist das zentrale Element in diesem Raum – ich setze mich auf den

Boden, lehne meinen Rücken an den Baum – auf dem Baum oben in der Krone sitzt ein Kind, es schaut durch die Blätter hindurch nach unten – ich höre es lachen und ich kann es sehen – ich weiß: das ist mein Kind – ich bitte es, zu mir herunter zu kommen – es klettert hinunter – ich sehe: es ist ein Mädchen, ungefähr zwei Jahre alt – ich schaue es an: es hat die grünen Augen meiner Mutter und es ist genauso flink und geschickt wie seine Schwester – ich nehme es in meine Arme und halte es ganz fest, ich weine – ich sage ihm, dass ich es liebe und dass es in meinem Leben willkommen ist – ich hole nach und nach meine Familie zu uns (Oma, Papa, Schwester, Onkel) – wir tanzen miteinander, spielen zusammen, jeder aus der Familie nimmt es auf den Arm – dabei weine ich immer wieder, aber wir lachen auch, ich spüre Schmerz und Erleichterung – die große Schwester spielt mit der kleinen Schwester Verstecken, sie laufen durch die Wiesen, kehren immer wieder zu uns zurück – dann verspüre ich den Wunsch, mit meinem Kind wieder allein zu sein, ich klettere mit ihr auf den Baum, ich steige hinter ihr hoch in die Krone, wobei wir über unsere Kletterfähigkeiten lachen – oben in der Krone sind wir nur für uns – ich halte sie ganz fest, sehr innig – das tut gut und ist sehr traurig zugleich – ich will dort mit ihr bleiben, aber ich möchte auch wieder zurück nach unten – meine Tochter schickt mich weg: sie sagt mir, dass ich mit ihr, aber auch ohne sie weiterleben kann – ich spreche es aus: „Du wirst immer bei mir sein" – dann klettere ich allein hinunter und dort nimmt mich meine Familie in den Arm – ich weine, aber ich kann sie wieder von unten in der Baumkrone sehen, sie schaut wieder von oben zu uns hinunter – ich frage sie jetzt nach ihrem Namen – sie sagt mir, dass sie Paula heißt – ich weiß jetzt, dass ich ihr ein Nest bauen werde, wo sie geborgen sein kann – dieses Nest soll auf einem Baum sein – dort kann ich sie besuchen, so oft ich will."

Auf dieser Innenweltreise hat sie ihr ungeborenes Kind als Mädchen wahrgenommen. Ein Mädchen, das Paula heißt und dem sie nun ein Nest bauen will. Die Trauer um ihren Verlust setzt Energien frei, um für Paula einen geeigneten Ort ausfindig zu machen. Ihr Mann und ihre Tochter unterstützen sie dabei.

„Mit dem Fahrrad sind wir durch Dresden gefahren und fanden eine weit verzweigte herrliche alte Esche mit Blick auf die Elbe. Das Nest haben wir aus Weidenzweigen gebaut und ich hatte den Wunsch, dass es innen weich gepolstert sein sollte, eben ein richtig einladendes Nest. So habe ich einen Abend lang eine wollene Spirale aus vielen Farben gehäkelt, bei der meine Tochter ein kleines Stück mit gehäkelt hat. An einem wunderschönen Sommertag ist mein Mann auf die Esche geklettert. Dort hat er dann Paulas Nest auf einem starken Ast zwischen drei hochstehenden kleinen Ästen befestigt. Gut sichtbar und doch geschützt und sicher. Ich habe an diesem Tag noch lange unter diesem schönen alten Baum gelegen und in seine Zweige, in seine Krone geschaut. Ich habe das Rauschen der Blätter gehört, aber auch den Lärm der Großstadt. Und ich habe für Augenblicke die heilende Kraft dieses Rituals gespürt."

Auf ihrem Weg durch die Trauer gelang es Frau W., für ihr verlorenes Kind einen realen Platz einzurichten, seine Einzigartigkeit zu „dokumentieren" und von ihm Abschied zu nehmen. Drei Bausteine beförderten diesen Trauerprozess, dem sie lange auswich: die Innenweltreise, der Nestbau und eine Niederschrift, in der sie ihren zurückgelegten Weg beschrieb und reflektierte.

„Ich konnte meinen Rucksack ein großes Stück erleichtern, indem ich meine Traurigkeit, meine Ohnmacht, meine Fragen, aber auch meine Wut aus mir herauslassen und damit auch ein Stück abgeben durfte. Für meine ungeborene Tochter

Abb. 7: Ein Nest für Paula (Foto: Sandra Ladwig)

> Paula konnte ich ein Nest bauen – das hat mich innig mit ihr verbunden, es hat mir gut getan – und es gibt nun einen realen Ort, an dem ich ihr nahe sein kann."

Frau W. fand mit dem Nestbau ihren ganz persönlichen Ort für ihr Kind, sie lebte ihre Trauer aktiv und fand so ihren Weg ins Leben zurück. Eltern, die ihre Kinder früh verloren haben und kein Grab besitzen, finden aber auch in Gedenkstätten für fehl- und totgeborene Kinder einen würdigen Ort, um ihre Trauer zu leben.

Wenn Geburt und Tod zusammenfallen

Wenn Geburt und Tod zusammenfallen, so wird bei einem Geburtsgewicht von mehr als 500 Gramm von einer Totgeburt, stillbirth (stillen Geburt) oder intrauterinem Fruchttod gesprochen. Die Periode der perinatalen Sterblichkeit umfasst die Zeitspanne kurz vor, während und nach der Geburt bis zum siebten Tag. Als wesentliche Ursachen gelten:

- eine vorzeitige Ablösung der Plazenta,
- Fehlbildungen des Kindes,
- mütterliche Erkrankungen (Infektionen, Diabetes),
- Nabelschnurkomplikationen und nicht aufgeklärte Mangelversorgung des Kindes.

Frühgeburten sind die hauptsächlichste Ursache für den Tod Neugeborener (Beutel 2002, 77). Wenn Geburt und Tod zusammenfallen, verändert sich das Leben augenblicklich und für alle Zeit danach.

> „Ich war 41 Jahre alt", so berichtet Frau M., „und lebte mit meinem zweiten Mann in einer glücklichen Beziehung. Noch nicht lange wohnten wir mit unseren drei Jungs in einer Patchwork-Familie zusammen. Mein Mann lebte zuvor allein mit seinen zwei Söhnen, ich mit meinem Sohn, den ich in meiner ersten Ehe im Alter von acht Wochen adoptiert hatte. Nach zwei Fehlgeburten in meiner ersten Beziehung und der Aussage der Ärzte, keine eigenen Kinder zu bekommen, war die Freude groß, schwanger zu sein, zumal die Schwangerschaft problemlos verlief und es mir gut ging."

In der Zeit ihrer Schwangerschaft entwickelte Frau M. eine starke Bindung zu ihrem Kind. Die Fantasien, die die Eltern für ihr Kind hegten, bereicherten ihr Zusammenleben.

„Unsere Freude auf unser Kind war so groß. Wir malten uns aus, wie es dann sein wird – wir träumten, machten Pläne, suchten Dinge aus. Ich könnte endlich wieder Kinderwagen schieben, bald nach der Geburt sollte die erste große Familienfeier mit unserem Baby sein, die alte Holzeisenbahn bekäme einen Platz, ich würde zu Hause nicht mehr die einzige Frau sein. Als ich die ersten Kindsbewegungen spürte, empfand ich noch größere Freude, weil dieses kleine Leben mir noch bewusster wurde. Ich konnte mich mit ihm unterhalten und mir sagen lassen: Ich bin da! Wir richteten in unserer Wohnung einen Platz ein, wo die Wiege stehen sollte. Bald wollten wir unser Kind zu Hause willkommen heißen. Der errechnete Geburtstermin war der Geburtstag meines Sohnes."

Je länger die Schwangerschaft währte, desto intensiver entfaltete sich die Bindung zu ihrem Kind. Doch dann kam für Familie M. der Tag, an dem sich alles änderte.

„Kein Wecken früh am Morgen, die Bewegungen waren nur sehr zaghaft. Was ist los mit Dir, mein kleines Baby? Eine erste Diagnose war schockierend: Mit dem Baby ist nicht alles in Ordnung – es ist sehr klein, die Durchblutung ist schlecht und die Herztöne zu schwach. Aber mein Kind lebt und seine einzige Chance besteht darin, es sofort auf die Welt zu holen. Ein Rettungswagen brachte uns in die Uniklinik. Was uns in diesem Moment für Gedanken kamen, weiß ich nicht mehr. Alles prasselte wie Hammerschläge auf uns ein, doch gab es nur ein Ziel, unser Baby zu holen. Von der ersten Vorstellung in der Klinik bis zur Geburt vergingen nur zwei Stunden. Unser Kind – unser Mädchen, Helena, war geboren, viel zu früh, in der 28. Schwangerschaftswoche, sodass sie sofort intensivmedizinisch versorgt wurde."

Am nächsten Morgen konnten die Eltern bei ihrer Tochter Helena auf der Kinderintensivstation sein. Dort sah Frau M. ihr Kind zum ersten Mal.

> „Ich kann meinen Blick nicht von Dir wenden. Ein kleiner Mensch – fertig – vollkommen – ein Wunder. Und doch: es ist nicht zu übersehen, dass es Dir nicht gut geht. Gestern noch warst Du in meinem Bauch, eingehüllt in Deiner warmen Höhle, durch die Du so oft gepurzelt bist. Jetzt liegst Du hier, piepende und flimmernde Geräte um Dich herum und fast scheint es mir, als ob Du frierst. Wir zwei, auseinander gerissen … Schließlich reden die Kinderärztin und der Professor mit uns – einfühlsam, betroffen, aber auch sachlich, um uns das nahe zu bringen, was wir nicht hören wollen: Dir geht es so schlecht, dass eine Chance auf ein Weiterleben nicht besteht. Du kannst den Kampf nicht gewinnen. Du wirst sterben – kleine Helena …“

Wie ist diese Nachricht auszuhalten und wie dem drohenden Verlust zu begegnen? Was bedeutet er für die Partnerschaft? Frau M. beschreibt rückblickend ihren Weg durch die Trauer, indem sie ihre eigenen Erfahrungen ordnet und den Mut aufbringt, sich allmählich dem Leben wieder zuzuwenden.

Im Nebel

Die Nachricht der Ärzte, dass ihr Kind sterben werde, traf die Eltern wie aus heiterem Himmel; es war alles so unfassbar. Beide waren wie gelähmt, erstarrt und nicht in der Lage, die Situation zu begreifen. Um sich von ihrem Kind, das noch lebte, in Ruhe zu verabschieden, wurden sie mit ihm allein gelassen.

> „Wie aber nimmt man Abschied? Dies hatte uns keiner gesagt. Wir waren mit der Situation total überfordert. Hält die

> Welt jetzt an? Eben haben wir Dich begrüßt – jetzt sollen wir schon wieder Abschied von Dir nehmen? Kann dies überhaupt so nah beieinander liegen? Sind das die wenigen Stunden, in denen wir uns das erste und auch das letzte Mal sehen? Kann sich Freude so schnell in den größten Schmerz der Welt verwandeln? Und wer soll das eigentlich ertragen? Die Welt zerbricht vor uns in Scherben. Unsere Welt. Wir haben uns so auf Dich gefreut. Auf so einen kurzen Besuch aber waren wir nicht vorbereitet."

Drei Stunden nachdem Frau M. von der Kinderintensivstation erschöpft auf ihr Zimmer gebracht wurde, erhielt sie die Nachricht, dass ihr Kind gestorben sei. Fassen konnte sie es nicht.

Das verstorbene Kind zu sehen, zu berühren, sich von ihm zu verabschieden, all das sind wichtige Schritte, um den Tod zu begreifen. Dazu bedarf es Zeit und einer einfühlsamen Begleitung.

Wo an den Verlust erinnert wird, kommt auch der leidvolle Prozess des Trauerns in Gang. Wo diese Erinnerungen fehlen, ein Abschied nicht vollzogen wird, fällt es schwerer, das unfassbare Geschehen zu realisieren.

Ausgeliefert

> „Nun ist es also geschehen – das Unabänderliche – abscheuliche Tatsache – Du bist tot, kleine Helena. Alles, was in diesen Stunden passiert ist, scheint den menschlichen Verstand zu übersteigen. Fragen, Fragen, Fragen – keine Antwort. Schmerz, unendlicher Schmerz, schier unerträglich. Der körperliche Schmerz – Leere in meinem Bauch, schneidend, zerreißend, sinnlose Leere. Der seelische Schmerz – überwältigend, allumfassend, zerstörend."

Wo gibt es Halt, wo findet jemand Hilfe, wenn Schmerz und Trauer in unbeschreiblicher Wucht über einer Person hereinbrechen, das Chaos nicht mehr gebannt und begrenzt werden kann, wo die Tränen für einen Moment Erleichterung bringen, bis der Schmerz erneut seinen Tribut einfordert?

> „In diesen Tagen gibt es nur eins, was mich zur Ruhe bringt: die Liebe und die starken Arme Deines Papas. Er hält mich fest umschlungen und es ist, als hält er mich und meinen Körper und meine Seele überhaupt zusammen, wenn der Schmerz mich wieder zerrüttet und zerreißt. Ohne ihn würde in diesem Moment alles auseinanderspringen."

Immer und immer wieder kreisten die Gedanken um ihr verstorbenes Kind. Die Frage nach der Schuld fand für sie in dem Moment eine Teilantwort, als alle medizinischen Befunde sie schuldfrei sprachen. Die Frage aber nach dem Warum, nach dem Sinn dieses Ereignisses blieb in ihr noch lange lebendig.

> „Ich hatte in diesen Tagen weder Mut noch Kraft, mir unser Kind noch einmal anzuschauen und ahnte zu diesem Zeitpunkt noch nicht, welche Auswirkungen dies auf meinen weiteren Trauerverlauf haben sollte. Niemand sagte uns, wie wichtig gerade das ist, um den Tod begreifen zu können."

Das Bedürfnis aber, etwas für ihr Kind zu tun, war stark. So häkelte sie eine weiße Decke, in die ihr Kind eingewickelt werden sollte. Viele Tränen und Gedanken flossen in diese Arbeit mit ein. Die Trauerfeier aktiv vorzubereiten, vermittelte den Eltern das Gefühl, wenigstens auf diese Weise ihrem Kind nahe zu sein. So schickten sie die Geburts- und Todesanzeigen zusammen ab, um denen ihren Schmerz mitzuteilen, die sich mit ihnen auf die Geburt ihres Kindes gefreut hatten.

„Als Dein kleiner Sarg in die Erde versinkt, wird dieser Schmerz wieder so richtig spürbar in mir – es ist, als wollte man mir den Boden unter den Füßen wegziehen. Es ist Wirklichkeit, Du bist nun fort. Nichts kann Dich mehr zurückholen. Wir können Deinen kleinen Körper nicht festhalten. Leb wohl, kleine Helena. In unseren Herzen wirst Du für immer bleiben, niemand kann Dich je da herausreißen …"

In den Wochen danach wuchs in ihr die Sehnsucht nach ihrem Baby übermächtig an, dass der Wunsch immer wieder aufbrach, zu sterben, um bei ihm zu sein. Zugleich wuchs eine schreckliche Angst in ihr, alles um sie herum zu verlieren. Es beschlich sie das nicht mehr abzuweisende Gefühl, tatsächlich verrückt zu werden.

„Nachts konnte ich nicht schlafen oder schreckte aus meinen Träumen auf. Wenn ich in den Spiegel blickte, sah ich jemanden, aber nicht mich. Ich war niedergeschlagen und erschöpft, am Ende meiner Kräfte. Die Angst wurde übermächtig und meine Trauer hatte mich fest im Griff, im Würgegriff. Warum muss Trauer so gemein sein?"

Als sie total ausgezehrt, körperlich und emotional am Ende war, suchte sie sich Hilfe in einer Selbsthilfegruppe, bei ihrer Hausärztin und einer Psychotherapeutin, um Kraft zu schöpfen für ihren weiteren Weg durch die Trauer.

Wo bist Du und wo bin ich?

Wenn Trauernde Antworten suchen auf die Fragen:

- Was bleibt mir?
- Was muss ich loslassen?
- Was wandelt sich?

sind sie allmählich bereit, den Verlust wahrzunehmen und zu klären, was sie in ihrem Leben von der verstorbenen Person bewahren können und was sie loslassen müssen. Dieses Suchen und Trennen ebnet den Weg zur eigenen Person und fordert dazu auf, sich zu wandeln und zu verändern.

Ihre aktive Trauerarbeit bestärkte Frau M. darin, der Trauer nicht mehr nur passiv ausgeliefert zu sein, von Gefühlen beherrscht, sondern sie aktiv zu leben. In Literatur und Erfahrungsberichten fand sie sich in ihrem eigenen Erleben bestätigt, im Schreiben durchlebte sie ihren Schmerz erneut heftig.

> „Ich stellte fest, dass es in der Trauer eine Weile dauert, bis unsere Gefühle das einholen, was wir mit dem Kopf wissen. Mir wurde klar, dass ich dem Schmerz nicht entrinnen konnte. Ich musste mich durch ihn hindurcharbeiten und erkannte: Schmerz ist notwendig, dass etwas heilen kann."

Lange irrte sie umher, suchte ihr Kind und litt darunter, es nicht zurückholen zu können, und es fiel ihr unheimlich schwer, das zu akzeptieren.

> „Wenn ich am Grab stand, spürte ich den absurden Wunsch, es ausgraben zu wollen, nur um es einmal noch tot in den Arm nehmen zu können. Mit diesem Gefühl hatte ich lange zu kämpfen. Hier erkannte ich dann, dass ich es verpasst hatte, mich von meinem toten Kind zu verabschieden. Ich hatte es nicht angefasst, nicht begriffen. Diese Tatsache erschwerte das Loslassen erheblich und war für mich eine der schmerzlichsten Erfahrungen für lange Zeit."

Seit den 1980er Jahren haben sich die Konzepte im Umgang mit dem perinatalen Kindstod im Klinikbereich gravierend gewandelt. Während vor dieser Zeit eine Vermeidungsstrategie vorherrschte, betonen die Neuansätze die „heilsame Kraft der realen

Wahrnehmung und der begleiteten Konfrontation" (Wehkamp 1997, 87). Kernpunkte dieses Konzeptes betonen, wie hilfreich es ist, den Tod des Kindes sinnlich zu begreifen, sich von ihm zu verabschieden, Trauer zu begleiten, dem Kind einen Namen zu geben, es in die Familiengeschichte zu integrieren, Erinnerungen an das Kind zu bewahren, Partner und Kinder einzubeziehen, den Blick behutsam auf die Beerdigung zu richten und eine Pflege und Medizin zu praktizieren, die zugewandt und kommunikativ ist.

Auf die bohrende Frage nach dem Leid in der Welt und warum ausgerechnet ihr Kind sterben musste, fand Frau M. eine Antwort, mit der sie wieder auf das Leben zuging. Der Groll auf Gott, der das zulassen konnte, und die bittere Klage gegen das ungerechte Schicksal traten zurück.

> „Ich konnte für mich annehmen, dass es auf diese Frage keine Antwort gibt und dass es nicht für alles, was geschieht, einen Grund gibt. So gab ich die sinnlose Suche nach dem Tod unseres Babys auf und fragte: Was tue ich jetzt, nachdem es geschehen ist?"

Sie besuchte die Selbsthilfegruppe für Eltern totgeborener oder früh verstorbener Kinder. Das Reden wurde ihr wichtig, zumal sie dort über all das sprechen konnte, was sie bewegte. Schmerzlich, wütend und erbost reagierte sie auf die Umwelt, wenn ihr Kind totgeschwiegen wurde. Es war nicht nur gestorben, es wurde auch nicht mehr erwähnt, so als ob es nie existiert hätte. Dieser zweite Tod ihres Kindes schmerzte sie sehr.

> „Oft verlieren die Mitmenschen kein Wort über Helena. Es ist, als meinten sie, wenn sie sie ignorieren, könnten sie die Vergangenheit ungeschehen machen. Oft möchte ich sie anschreien: Ich hatte ein Baby und es ist gestorben! Ihr tut mir mit eurem Schweigen weh! Es bedeutet einen kleinen Trost

für mich, wenn die Leute anerkennen, dass es Helena gab und dass es sie immer noch gibt."

In dieser Phase des Suchens, Sich-Findens und Sich-Trennens ordneten sich die Erinnerungen an ihr Kind allmählich und riefen auch dankbare Gefühle in ihr wach. Dazu gehört besonders die Zeit ihrer Schwangerschaft. Auf ihrer Suche fand sie Antworten, mit denen sie lebte. Ihr Kind fand seinen Platz in der Familiengeschichte und sie spürte in sich eine Wandlung, sich dem Leben neu zuzuwenden.

„Es gelang mir, einen festen Platz für mein Kind zu finden, nicht nur in meinem Herzen, sondern auch in meinem Leben. Ich lernte von meinem Kind zu sprechen als einen Teil meines Lebens, unserer Familie. Langsam wurde mir bewusst, dass ich mein Kind niemals vergessen werde und es nicht unwesentlicher wird, wenn ich es loszulassen lerne. Ich hatte das Gefühl, meinem Kind dadurch Frieden schenken zu können und auch in meinem eigenen Herzen ruhiger zu werden. Ich hatte Kraft gefunden, weiterzugehen mit einem neuen Blick auf einem neuen Weg."

Neuland

Da Trauer als ein dynamischer Prozess erlebt und gestaltet wird, ist es schwer, den Übergang von der einen in die andere Phase punktgenau zu markieren. Das Ziel aber besteht in einer inneren Wandlung. Ich verändere mich im Prozess der Trauer, bleibe nicht mehr die alte Person und gehe auch verändert auf die Welt zu. Diese Wege werden paradoxerweise geebnet, indem ich bereit bin, meinen Schmerz dem Leben zu opfern, auch wenn schmerzvolle Erfahrungen immer wieder auftreten, sobald ich die Narben meiner Wunden spüre.

„Auch wenn die Traurigkeit nie ganz verschwindet – ich habe gelernt, mit der Trauer zu leben. Ich bin ein neuer Mensch geworden. Ich habe überlebt und werde auch in Zukunft überleben. Ich habe einen wichtigen Teil von mir verloren, mein Kind, einen Teil unserer Zukunft – aber ich hätte mehr verlieren können: Frieden, meine Freude am Leben, den Sinn des Lebens überhaupt. Das Verlorene hat mich reicher gemacht. Meine Erfahrungen haben einen Sinn gefunden. Mit meinem Kind im Herzen bin ich unterwegs auf neuen Wegen."

Rituale beim Verlust eines Kindes

Eltern, die ihr Kind durch eine Fehl- oder Totgeburt verloren haben, finden in Ritualen Halt und Orientierung. Rituale helfen, Trauer zu kanalisieren, und sie trösten, weil die Trauer angeschaut, sinnlich gespürt und gemeinschaftlich gelebt wird.

Für eine Familie kann es ein Ritual sein, eine Kerze anzuzünden, wenn die Schwangerschaft feststeht, um das neue Leben zu begrüßen. Manche Frauen oder Paare sammeln Erinnerungsstücke, die sie in einem besonderen Kästchen aufbewahren, um sie ihrem Kind zu überlassen, wenn es volljährig wird oder selbst die Elternrolle übernimmt.

Bereits während der Schwangerschaft werden diese Erinnerungsstücke zusammengetragen. Dazu zählen:

- der Schwangerschaftstest,
- Ultraschallbilder,
- Herztonaufzeichnungen vom Kind (CTG),
- Fotos von der sich vergrößernden Familie,
- Zeilen an das ungeborene Kind und
- Grüße an das zukünftige Elternpaar.

Wenn ein Kind fehl- oder totgeboren wird, erhalten diese Erinnerungsstücke eine neue Bedeutung. Sie werden dann zu Erinnerungsstücken an das tote Kind, sind Zeugnis und Dokument für den Schmerz und die Trauer der Eltern. Wenn ein Kind stirbt, gibt es niemals einen Ersatz, es hinterlässt eine Lücke, die sich nie schließt und eine unendlich große und starke Liebe, die brach liegt und nicht gelebt werden kann.
Den bereits gesammelten Erinnerungsstücken können neue hinzugefügt werden: Fotos aus dem Kreißsaal, das Namenskärtchen mit den Hand- oder Fußabdrücken, die Kerze, die während der Geburt brannte, und das Namensbändchen. All das sind sichtbar bleibende Erinnerungen.

Wenn Rituale praktiziert und erinnert werden, wird ein Weg beschritten, Trauer zu leben, aktiv Abschied zu nehmen, um das Unfassbare mit allen Sinnen zu begreifen. Hilfreich ist es, am Totenbett zu wachen, die Wäsche auszusuchen, eine Decke zu häkeln, einen Sarg zu bauen und gemeinsam die Beerdigung vorzubereiten.

Nachdem Familie O. über die lebensbedrohliche Erkrankung ihres Kindes informiert wurde, brach eine Zeit fürchterlicher Ungewissheit an. Der Vater wollte für das Kind da sein und es nicht schon vorher emotional begraben. „Schließlich“, so berichtet er, „wurde bei meiner Frau die Geburt künstlich eingeleitet. Unser Sohn verstarb noch während der Geburt im Mutterleib. Das Kind wurde dann von der Hebamme gewaschen und uns zum Abschied noch einmal in die Arme gelegt. Das war der intensivste Moment der Trauer. Wir konnten das Kind anfassen, es hatte alles, was ein normales Kind auch hat – Haut, Haare, Arme, Beine – ein Gesicht, das unserem großen Sohn im Säuglingsalter zum Verwechseln ähnlich sah. Der Tod war greifbar und unmissverständlich geworden. Da wir christlich erzogen sind, haben wir unseren toten Sohn auf den Namen Richard getauft.

> Den Sarg für unseren Sohn habe ich selbst gezimmert, zumal ich ein Mensch bin, der mit den Händen besser verarbeiten kann als mit dem Kopf. Dieses Arbeiten hat mir geholfen, obwohl ich allein im Keller für mich hin gewerkelt habe. Als Grabstein haben wir der Ostsee einen Findling abgerungen, den wir dann gravieren ließen. Besondere Tage sind für uns der jährliche Todestag oder der berechnete Geburtstag unseres Sohnes. Unseren anderen Kindern haben wir von Richard erzählt. Der Tod gehört für uns zum Leben dazu."

Um Abschiede von einem Kind bewusst zu gestalten, ein Ritual zu leben, bieten sich Symbole an, die uns tief berühren. „Abschied nehmen von meinem Kind" ist eine Herausforderung, die Monika Wacker an einzelnen Symbolen veranschaulicht. (Wacker 2012, 73–80)

Wenn wir einen Regenbogen sehen, staunen wir für einen Moment, freuen uns an der Schönheit seiner Farben, wissen um die Vergänglichkeit des Augenblicks und sehen in ihm dennoch ein Hoffnungszeichen. Als ein Sinnbild für den Regenbogen können Glassteine dienen, in denen sich das Licht bricht. Der Regenbogen ist vergänglich wie das Leben eines früh verstorbenen Kindes.

Eltern legen in eine Schale oder in die Hände ihres toten Kindes Glassteine, um die Hoffnungen und Wünsche, die sie in sich tragen, loszulassen oder formulieren das, was sie dankbar in sich bewahren wollen. Diese Steine können als Grabbeigabe mitgegeben werden, aber auch als Kette oder Mosaik ins Fenster gehangen werden, sodass sich das Licht in den Glassteinen bricht und Erinnerungen wachruft.

Seifenblasen sind bunt und schillernd, sie verzaubern, fliegen leicht dahin, doch schon bald sind sie geplatzt.

Luftballons steigen in den Himmel auf, bis sie unseren Blicken entschwinden. Wir müssen sie loslassen, müssen uns von ihnen trennen. Auch sie sind bunt, schillernd und voller Leichtigkeit. Unsere Wünsche begleiten sie. Für die Bewältigung der Trauer ist dies ein wesentliches Element. Zum Trauern gehört aber neben dem Loslassen auch das Bewahren dazu, um in einer guten Balance zu bleiben. Steine, die für das Kind gestaltet werden, bilden da einen guten Gegenpol.

Wunderkerzen, die abbrennen, werden zum Symbol für das sprühende unmittelbare Leben, das bald verlischt.

Eine Duftkerze brennt für eine begrenzte Zeit, doch auch wenn sie erloschen ist, so bleibt ihr Duft noch für einige Zeit im Raum. Eltern erinnern sich gern an den Geruch ihres Babys und versuchen ihn zu bewahren. Ein sechzehnjähriges Mädchen hatte keine andere Erinnerung an ihren Vater als einen bestimmten Duft.

Ein Glockenspiel erzeugt Töne, die im Raum oder Freien noch nachklingen, bevor sie verstummen und nicht mehr zu hören sind. Es bedeutet: Dein Summen und Lachen hat auch in mir etwas zum Klingen gebracht, das mich erfreute. Ich möchte es noch lange in mir bewahren.

Ältere Kinder und Jugendliche könnten zur Trauerfeier eingeladen werden, um sich an ihr zu beteiligen. Fotos, Texte und die Lieblingstitel des verstorbenen Jugendlichen sind ihnen gut vertraut. Eine Erinnerungsfeier zum ersten Todestag oder Geburtstag, zu der Eltern Jugendliche einladen, bringt das Lebensgefühl für einige Stunden zurück, aber sicher auch Begebenheiten, die den Eltern verborgen geblieben sind. Eltern wünschen so sehr, dass sie auf ihr Kind angesprochen werden. Das wäre ein nahes, aber auch schmerzliches Erinnern.

Wie Kinder trauern

Die Trauer von Kindern unterscheidet sich von der Trauer der Erwachsenen. Kinder trauern sprunghaft, nicht kontinuierlich. Kinder trauern auf Raten. Das vermittelt ihnen Halt und Sicherheit.

Trauen wir Kindern zu, mit Sterben und Tod leben zu lernen oder ist unser Schutzbedürfnis so ausgeprägt, dass wir ihnen lieber die behutsame Konfrontation damit ersparen möchten? Erwachsene sind oft verunsichert, wie Kinder trauern und ob es ihnen überhaupt gut tut, sie mit Sterben und Tod zu konfrontieren.

Eine Mutter klagte, dass in zwei Tagen ihre Schwester beerdigt wird, sie es aber ihrer zwölfjährigen Tochter nicht sagen werde, obwohl sie ihre Tante sehr mochte. Auf meine Frage, wie ihre Tochter reagieren wird, wenn sie es später erfährt, schwieg sie lange. Doch dann sagte sie: „Ich bringe es einfach nicht übers Herz."

Eltern fehlen manchmal ermutigende Trauer-Erfahrungen, um Kindern einen Weg zu eröffnen, den sie fragend und suchend mit ihnen gemeinsam beschreiten.

Als Frau U. die Nachricht vom Tod ihrer Schwester erfuhr, wollte auch sie ihre zehnjährige Tochter Ulrike nicht auf die Reise nach Holland mitnehmen. Das war ihr erster Impuls. „Ich dachte, ich müsste sie vor etwas Unbestimmtem bewahren. Für ein bewusstes Abwägen, meine Tochter an der Trauerfeier teilnehmen zu lassen, blieb keine Zeit, zumal ich selbst auf meinen Schmerz fixiert war und die Trauer meiner Tochter nur am Rande wahrnahm.

Als Ulrike die Nachricht vom Tod ihrer Lieblingstante auf dem Zeltplatz erhielt, reagierte sie zuerst fassungslos, später sehr zornig. Sie riss mir das Whiskyglas aus der Hand und schleuderte es in die Büsche, regte sich maßlos darüber auf, wie ich jetzt trinken könnte. Dann schimpfte sie, wie die Tante denn ausgerechnet während unseres Urlaubs sterben kann. Sie wollte auch nicht abfahren, sondern erst einmal Urlaub machen."

Die Einsicht, dass alle Gefühle echt sind, auch die heftigen und dunklen unserer Kinder, hilft, Wut und Zorn, Enttäuschung, Trauer und tiefen Ärger zuzulassen, sie zu verstehen und nicht vorschnell zu bewerten. Wie schnell ersticken jedoch Eltern die Gefühle ihrer Kinder in wohlgemeinten Ermahnungen und Ratschlägen, sodass es beiden Seiten schwerfällt, in Kontakt zu bleiben.

Die kindliche Vorstellung vom Tod

Die Übersicht, wie sich die kindlichen Vorstellungen vom Tod entwickeln, stellt die altersspezifischen Unterschiede bis zum vierzehnten Lebensjahr heraus. Dennoch ist darauf zu achten, dass jedes Kind anders trauert und die kindlichen Vorstellungen vom Tod von vielen Faktoren beeinflusst werden. Erwachsene verstehen:

- dass der Tod unumkehrbar ist (irreversibel),
- dass alle Menschen sterben (universal),
- dass die Ursachen des Todes biologisch sind (kausal) und der Tod das Ende der Körperfunktionen bedeutet (nonfunktional).

Kinder lernen erst allmählich, was Tot-Sein bedeutet, indem sie zwischen Leben und Tod, zwischen belebten (Mensch, Tier und Pflanze) und unbelebten Dingen (Tisch, Puppe) unterscheiden, die Zeitstruktur zwischen gestern, heute und morgen erfassen und zwischen Ursache und Folge Zusammenhänge herstellen. Erst dann werden sie den Tod so verstehen, wie es Erwachsene tun.

Kinder unter drei Jahren nehmen vorübergehende Trennungen wie einen „kleinen Tod“ wahr. Die Abwesenheit von vertrauten Personen erleben sie als bedrohlich und verunsichernd, zumal sie die Zeitstruktur nicht begreifen. Diesen Trennungs- und

Verlustängsten begegnen sie mit Weinen und Schreien, um die vertraute Bindung einzufordern. Gelingt das nicht, reagieren sie traurig, fühlen sich verlassen, resignieren und werden apathisch. Die Trauer von nahen Bezugspersonen nimmt das Kind emotional wahr, spürt sie gleichsam indirekt, auch wenn es den Tod noch nicht begreifen kann.

Im Alter zwischen drei und fünf Jahren fehlen Kindern noch immer die kognitiven Voraussetzungen, um den Tod in seinen unterschiedlichen Dimensionen zu begreifen. Der Tod kann Kinder jedoch emotional tief berühren, auch wenn für sie die Grenze zwischen Leben und Tod durchlässig ist.

> Hanna, Theo, beide vierjährig: „Die liegen dann auf dem Friedhof. Dort kommen sie in eine Kiste und die Kiste wird in die Erde gegraben. Ja, da müssen sie da unten liegen und können nur Erde essen und dann sterben sie."

Der Verstorbene lebt irgendwo weiter, er isst und trinkt und kommt auch wieder. Das Leben vollzieht sich auf Sparflamme. Leben und Tod sind nicht radikal voneinander getrennt. Immer jedoch trifft das Ereignis des Todes andere: das Meerschwein, die Oma oder den alten Nachbarn. Tod und Alter bilden in der Vorstellungswelt der Kinder eine feste Einheit.

> Als Hanna ein Kindergrab entdeckt, stellt sie fest: Das Kind war ganz krank und ist dann alt geworden und gestorben.

Kinder zwischen sechs und neun Jahren begreifen zunehmend die Unabänderlichkeit und Endgültigkeit des Todes. Der Tote atmet und isst nicht mehr. Er kommt auch nicht mehr zurück. Wenn der Tod unumkehrbar wird, steigt die Sorge um nahe Angehörige. Es fällt ihnen aber schwer, diese Einsicht auch emotional anzunehmen, sodass sie zwischen realen Einschätzungen und einer Fantasiewelt hin- und herpendeln. Erste Vorstellungen zum

Leib-Seele-Verhältnis befördern Gedanken nach einem Leben nach dem Tod. Der Tod eines nahen Angehörigen löst tiefe Betroffenheit aus, die aber versteckt gelebt und neutralisiert wird.

Kinder zwischen zehn und vierzehn Jahren nähern sich den Vorstellungen der Erwachsenen an. Der Tod ist Gegenstand ihrer Gedanken. Die Verknüpfungen zwischen „Tod und Alter" sowie „Tod und Krankheit" bleiben bis ins Jugendalter erhalten, auch wenn der Tod als Schlusspunkt des Lebens akzeptiert wird. Die starken gefühlsmäßigen Schwankungen, denen sich Jugendliche ausgesetzt fühlen, wirken auch in den Umgang mit Tod und Sterben hinein. Prinzipiell treten alle Trauerreaktionen auf, die auch bei Erwachsenen zu beobachten sind. Tod bedeutet endgültigen Liebesverlust der verstorbenen Person.

Die zehnjährige Ulrike, die sauer auf ihre Tante war, weil sie während ihres Zelturlaubs starb, gestaltete von sich aus kleine Rituale, als die Tante im Haus aufgebahrt war. Sie besuchte sie in ihrem Zimmer, brachte ihr Blumen, Steine, Gräser und Käfer mit und sprach mit ihr. Sie malte Bilder, schrieb Briefe, verschickte eine Flaschenpost in der Gracht, die vor dem Haus floss.

Traueraufgaben des Kindes

Welche Aufgaben trauernde Kinder aktiv zu bewältigen haben, darauf gibt Margit Franz (2009) erste Antworten.
Zunächst müssen sie die Realität des Todes anerkennen. Erfüllt ist diese *erste Aufgabe*, wenn sich die Emotionen entladen, der Trauer Raum gelassen wird. Kinder versuchen sich aber zunächst zu schützen, um das Geschehene nicht fühlen zu müssen. Sie reagieren geschockt, betäubt, ungerührt. Auch kann sich ihre momentane Traurigkeit in Fröhlichkeit auflösen oder sie tischen Fantasiegeschichten auf, um den Tod zu verleugnen. Verdrängung und Abwehr sind auch lebenserhaltende Strategien.

Die *zweite Traueraufgabe* fordert dazu auf, den Trauerschmerz zu durchleben. Gerade die Emotionen von Wut, Hass, Trauer, Sehnsucht oder Liebe sind lebendige Zeichen für die Trauer des Kindes. Kinder fühlen sich vom Verstorbenen verlassen. Manche reagieren deshalb aggressiv, verletzen andere oder auch sich selbst. Zerstörungswut gegenüber Pflanzen oder Spielsachen vermitteln ihnen ein Gefühl von Macht, um die eigene Ohnmacht nicht spüren und aushalten zu müssen. Gelingt es, die Gefühle der Trauer gesund auszuleben, ist auch diese Aufgabe bewältigt.

Die *dritte Traueraufgabe* des Kindes zielt darauf ab, das zu verinnerlichen, was sie mit der verstorbenen Person verbindet. Diese erhält einen Platz im Bewusstsein des Kindes und es bleibt mit ihr in Kontakt. Kinder berichten, um den Verlust nicht wahrnehmen zu müssen, fantasievoll von einem Treffen mit ihrem Vater, einem Telefonat oder von einer Arbeit im Ausland. Der Vater wird zum Helden, die Mutter zur Heiligen. Erst mit der Zeit entsteht ein realistisches Bild von der geliebten Person. Kinder ziehen sich aber auch erschöpft zurück oder fallen auf frühere Entwicklungsstufen zurück (Kuscheltiere als Übergangsobjekte, schulischer Leistungsrückfall). Wenn ein Kind verinnerlicht, was war, und zwischen Sehnsucht, Suchen und Loslassen eine neue Balance findet, ist diese dritte Aufgabe angenommen und bewältigt.

Die *vierte und letzte Aufgabe* verlangt, sich im neuen Leben zurechtzufinden und sich selbst verändert dem Leben zu stellen. Das Kind trennt sich von der realen Person, sei es Mutter oder Vater, bewahrt sie aber im Herzen und in der Erinnerung. Wenn das Schritt für Schritt gelingt, ist die vierte Traueraufgabe bewältigt. Um diese Aufgaben zu meistern, brauchen Kinder Personen, denen sie vertrauen. Sie brauchen:

- Antworten, die auf ihre Fragen ehrlich eingehen: Opa ist gestorben, er kann nicht mehr atmen, sehen, essen, laufen und hören. Er ist gestorben. Er ist tot.

- Abschiede, um den Tod von einem Tier oder einem verstorbenen Angehörigen besser zu begreifen. Wenn Kinder selbst etwas tun, sind sie beteiligt und fühlen sich nicht ausgeschlossen (Blume aussuchen, ein Bild malen, an der Beerdigung teilnehmen). Es ist sicher gut, sie dazu einzuladen und zu ermutigen, aber sie entscheiden selbst, ob und wie sie Abschied nehmen.
- Rituale, indem sie helfen, z. B. das Grab zu schmücken. Kinder erleben, wie eine Kerze angezündet wird, und erinnern sich gemeinsam an eine verstorbene Person. Sie dürfen sich einen Gegenstand aussuchen, der sie an die geliebte Person erinnert oder sie basteln eine Erinnerungskiste für Mama oder Papa, in der all das Platz findet, was sie mit ihnen verbindet, schreiben und malen, was sie bedrückt, aber auch das, woran sie sich dankbar erinnern. Feste im Jahreskreis oder persönliche Gedenktage werden besonders erinnert.

Zwei Töchter gestalteten zum ersten Todestag für ihren Vater zwei Herzen aus Styropor, die sie zunächst mit Moos, danach mit Blumen und kleinen Figuren aus Holz schmückten. Die Fußballmannschaft, in der ihr Vater mitspielte, organisierte ein Jahr nach dem Tod des Vaters ein Fußballgedenkspiel und lud Freunde und Angehörige dazu ein. Sein Sohn spielte nun zum ersten Mal mit. Nach dem Spiel wurde gemeinsam gegrillt.

Kontinuität und Normalität sind für Kinder wichtig, damit nicht noch mehr in ihrem Leben wegbricht, sondern vertraute Gewohnheiten ihnen Halt vermitteln. Wenn sich der Alltag weitgehend normal vollzieht, bestärkt das ein Gefühl, dass auch das Leben weiter geht.

Eine Klasse nimmt Abschied

Helene wünschte sich, dass ihre Freundinnen und Klassenkameraden zu ihrer Trauerfeier in bunten Kleidern kommen sollten. Sie selbst war ja ein aufgewecktes und fröhliches Mädchen. Maria, die eine Klassenstufe höher war, kannte sie und ihre Schwester. Sie hatte von ihrer Krankheit gehört und sah sie oft in der Schule. Das letzte Jahr vor ihrem Tod war Helene lange Zeit zu Hause und bereits auf den Rollstuhl angewiesen.

Als die dritte Klasse von ihrer Klassenlehrerin erfuhr, dass Helene gestorben ist, war das für alle Kinder ein gewaltiger

Abb. 8: Abschiedsbild für Helene
(Zeichnung: Maria Rostig, Marianne Schrell)

Abb. 9: Kinder bemalen den Sarg (Foto: Bärbel Rostig)

Schock. Auch teilte die Lehrerin der Klasse Helenes Wünsche mit. Eltern begleiteten ihre Kinder zur Trauerfeier für Helene. Auf dem Friedhof erhielten die Kinder bunte mit Gas gefüllte Luftballons.

In der Friedhofskapelle war Helene in ihrem veilchenblauen Prinzessinnenkleid in einem weißen Sarg aufgebahrt. Ein Blumenkranz schmückte ihr braunes Haar.

Auch nach fünf Jahren erinnerte sich Maria an dieses Bild, das sie überhaupt nicht beängstigend empfand. Im Gegenteil: „Ich fand es schön“, erinnerte sie sich, „dass man sie noch sehen konnte. Die Kinder und Trauergäste, die um den Sarg herumgingen, um sich von ihr zu verabschieden, legten ihre Bilder und kleine Geschenke als Gruß am Sarg ab.“

Die Eltern von Helene gestalteten die Trauerfeier und erinnerten sich an ihre Tochter, wie stark sie sie in ihrer Krankheit erlebten und wie viel Lebendigkeit und Freude von ihr ausging. Sie lasen eine Engelsgeschichte vor, die Helene sich wünschte, und ein Gedicht, das sie wunderschön fand. Sie spielten auch die Lieder, die ihr gefielen. Während der Trauerfeier bemalten die Kinder den Sarg mit einem großen Regenbogen, mit Sonne, Mond und Sternen, mit vielen Herzen, einer Katze, guten Wünschen und der Zeile, dass sie sie sehr vermissen.

Mit den Wünschen für Helene ließen die Kinder auf Bitte des Vaters die Luftballons in den Himmel steigen, um sich mit diesem Gruß von ihr zu verabschieden.

Mit einem Titel der Gruppe Rosenstolz, den Helene in letzter Zeit gern gehört hatte, wurde der Sarg zum Grab gebracht und unter dem Geläut der Glocken in die Erde gesenkt. Eltern, Geschwister, Trauergäste und die Schulkinder verabschiedeten sich ein letztes Mal.

Abschied von den Eltern

Wenn Kinder Mutter oder Vater durch Tod verlieren, ist das ein einschneidendes und tragisches Ereignis, das kurz-, mittel- und langfristige Auswirkungen zeitigt. Dennoch sind viele Faktoren zu berücksichtigen, um einzuschätzen, welche konkreten Folgen der Tod eines Elternteils in der weiteren Lebensgeschichte eines Kindes auslöst. Zu den wesentlichen Anhaltspunkten zählen:

- die Todesumstände und das Alter des Kindes,
- die Bindung zwischen Kind und verstorbenem Elternteil,
- die Prägung des Kindes sowie
- das aktive Abschiednehmen, die soziale Unterstützung und die kindgemäße Begleitung in der Trauer.

Wie Kinder und Jugendliche den Tod altersspezifisch begreifen und welche Traueraufgaben sie zu bewältigen haben, wurde bereits erörtert. Der Tod eines Elternteils stellt jedoch eine ganz besonders schwere Belastung im Entwicklungsprozess eines Kindes oder Jugendlichen dar.

Die sichere Bindung an die Eltern ist ein wesentlicher Faktor, um sowohl stress- und angstbesetzte Situationen zu bewältigen als auch nach Autonomie zu streben. (Bowlby 2008, 101)

Bindungsverhalten zeichnet sich ja gerade dadurch aus, dass es die Nähe eines kompetenteren Menschen sucht und ein Leben lang zu bewahren trachtet. Dieses Verhalten wird besonders da aktiviert, wo der Einzelne sich mit einer schwierigen Situation überfordert fühlt, aber dennoch in der Gewissheit lebt, sich Menschen anvertrauen und sie um Hilfe bitten zu können. Eine sichere Bindung an die Eltern oder eine andere verlässliche Bezugsperson trägt wesentlich dazu bei, dass sich Kinder gesund entwickeln.

Entbehren Kinder diese sichere Bindungserfahrung, erschwert sich ihr Start ins Leben. Bei einer unsicher-ambivalenten Bindung fragen sich Kinder, ob sie auf ihre Eltern zählen können. Sie entwickeln Trennungsängste, versuchen zu klammern, und es fällt ihnen schwer, sich von den Eltern zu lösen.

Kinder, die eine unsicher-vermeidende Bindungserfahrung erlebten, wurden von ihren Eltern mehr oder weniger stark abgelehnt, verzichten daher auf Zuneigung und streben nach einer überzogenen Selbstständigkeit. Welche Folgen kann also der Tod eines Elternteils bewirken und welche Unterstützung brauchen Kinder in dieser Situation?

Längerfristige Folgen können sich darin äußern, eine ängstlich-unsichere, zurückgezogene oder depressive Verhaltensweise auszuprägen.

„Ich war zwölf Jahre alt, als meine Mutter ganz plötzlich starb“, so berichtet eine 55-jährige Frau rückblickend. „Dieser schmerzhafte Verlust hat mich mein bisheriges Leben begleitet. Ich war eingehüllt in einer Wolke von Traurigkeit. Als Kind nahm ich diese Gefühle ganz anders wahr als in meinem späteren Leben. Wut, Zorn und Schuldgefühle existierten noch nicht in meinem Bewusstsein. Wohl jedoch Angst, verlassen zu werden, allein gelassen zu werden, niemanden mehr zu haben, der mich führt, für mich sorgt und für mich da ist. Diese Sicherheitszone wurde mir weggezogen – von heute auf morgen. Aus dieser Verzweiflung heraus habe ich mein Wesen auf Nett-Sein getrimmt, damit ich Aufmerksamkeit und Lob erhielt."

Diese Verlustängste begleiteten ihr Leben. Der Tod eines Elternteils birgt die Gefahr, Verlust- und Trennungsängste zu verstärken. Herr L., ein 46-jähriger Mann, malt in der Rückschau auf seine Kindheit eine Situation, nachdem sein Vater gestorben war. An der Beerdigung durfte er als Fünfjähriger nicht teilnehmen. Erst viel später erfuhr er, dass sein Vater durch Suizid aus dem Leben ging. Jahrzehnte hat er ihn dafür gehasst, weil er ihn allein gelassen hatte. Nach der Beerdigung fuhren er, seine Mutter, Bruder und Großeltern gemeinsam einige Tage weg. Dann folgte der Abschied von Mutter und Bruder. Herr L. wurde bei den Großeltern zurückgelassen. Diesen Abschied von Mutter und Bruder hält er in seinem Bild fest. Seine Mutter erlitt einen Nervenzusammenbruch und brauchte psychiatrische Hilfe, sodass er für längere Zeit bei den Großeltern lebte.

„Ich male die Abfahrt", so berichtet Herr L. „Ich bin auf der Straße hinterhergerannt und habe geschrien und gerufen und die Hände ausgestreckt. Viele Autos wichen mir aus, hupten, meine Großeltern liefen hinterher, riefen ebenfalls, ein Tumult und Auflauf. Es war der Augenblick, in dem ich begriff, begreifen musste, was Tod und Abschied bedeuten. Ich bin klein, aber lebendig. Orange gemalt, wenn auch ergriffen vom Dunkel um mich herum. Ich will leben und nicht allein sein!

Mutter und Bruder nehmen das Leben mit. Und mich nicht! Ich spüre riesige Trauer und Angst, große Sehnsucht nach Geborgenheit und Nähe und am Ende ein riesiges Loch, in das ich falle. In M. wartet der Tod, der schon meinen Vater geholt hat. Wenn er auch noch die Mutter nimmt, bin ich ganz allein. Abschied ist Tod, so habe ich erfahren. Und nun habe ich Angst, furchtbare Angst, dass auch dieser Abschied Tod heißt. Ich wollte in den Bus und war zu langsam. Die Mutter sah mich an und ist nicht umgekehrt. Sah mich nur an, ernst, traurig, untröstlich und untröstend. Es tat unglaublich weh und tut es noch immer, wenn ich das Bild betrachte. Bis zum heutigen Tag fallen mir Abschiede schwer."

Während Trauer als eine natürliche Reaktion auf Tod und Verlust beschrieben wird, ist die Trennungsangst eine Reaktion auf angedrohte oder befürchtete Verluste. Trennungsängste können aber auch zunehmen, wenn sich ein tatsächlicher Verlust ereignet hat. Dann tun sich zwei Möglichkeiten auf. Entweder werden sehr enge Bindungen angestrebt oder Bindungen werden vermieden, um sich vor weiteren Verlusten zu schützen.

Als sich Tom und Lasse, die vor fünf Jahren ihren Vater durch Suizid verloren haben, ein Autogramm des Fußballstars Diego holen wollen, weisen sie schnell darauf hin, dass er nicht ihr Lieblingsspieler sei. Alle Lieblingsspieler sind nämlich zu den Bayern gewechselt. So schützen sie sich vorsorglich vor weiteren Enttäuschungen.

Kurzfristige und unmittelbare Folgen, mit denen Kinder sich auseinandersetzen müssen, die Vater oder Mutter verloren haben, spiegeln sich in Reaktionsmustern von Verleugnung, Wut, Schuld und Scham wider.

Auch die zwölfjährige Havva erzählt, wie Tom und Lasse, im Filmbeitrag „Abschied. Wie Kinder trauern" von ihren Erfahrungen, als ihre Mutter an Krebs starb. (Strauch 2009, Medien) Wenn auch die Krebserkrankung ihrer Mutter ihr zuerst verheimlicht wurde, so haben sie dann doch gemeinsam darüber gesprochen.

> „Ich verstehe es immer noch nicht. Wenn jemand nach ihr fragt, so sage ich, dass sie im Urlaub ist oder gerade nicht zu Hause. Ich habe keine Lust, alles zu erklären. In der Schule haben sie kein Verständnis. Sie lachen einen aus oder denken, dass die Person nicht ganz dicht ist." Mit ihrer Schwester wohnt sie nun seit eineinhalb Jahren bei ihrer Tante. Ihren Vater besuchen sie alle 14 Tage. Ihre Tante möchte sie nicht gleich als neue Mutter bezeichnen, aber sie ist immer da. „Ich kann ihr alles erzählen, würde sie aber nicht gleich Mama nennen wie meine richtige Mama." In einem Köfferchen bewahrt Havva ihre Erinnerungen an ihre Mutter: Karten und das Parfüm von Mama, was sie nur manchmal nimmt, um von ihr etwas zu bewahren. Dazu zählen auch die Polizeimützen. Sie selbst möchte auch Polizistin werden. Auch wenn sie ihre Mama in ihrem Alltag nicht mehr sehen kann, nur auf Fotos, so weiß sie doch, dass sie im Herzen immer bei ihr ist.

Neben dem Gefühl der Scham, nicht mehr ganz zu den anderen in der Klasse dazuzugehören, ausgeschlossen zu sein, die Mutter zu verleugnen, sind im Filmbeitrag aber auch viele Aspekte wahrzunehmen, die Havva und ihrer Schwester sowie Tom und Lasse geholfen haben, wieder Halt zu finden.

Beide Schwestern reden über die Krankheit der Mutter und schenken ihr zum Abschied einen Engel und einen Polizeihund aus Plüsch. Auch die Todesanzeigen sehen sie sich gemeinsam mit ihrer Tante an.

Tom und Lasse vollziehen mit ihrer Mutter am Grab des Vaters ein Ritual, indem sie Wunderkerzen anzünden und sich etwas wünschen.

Die beiden Schwestern leben in der Familie ihrer Tante und ihres Onkels, in der sie Zuwendung und Aufmerksamkeit erhalten und einen normalen Familienalltag erleben.

Sie bewahren die Erinnerung an ihre Mutter und lernen im *Zentrum für trauernde Kinder und Jugendliche* in Bremen, mit anderen Kindern über ihre Situation zu sprechen. Sie gehören dort zu einer Gruppe, wo sie sich verstanden fühlen. Dort finden beide einen geschützten Raum, wo ihre Isolation aufgehoben ist und sie ihre Trauer individuell und kreativ ausdrücken können.

So tauschen sie sich aus, lernen sich besser kennen und ihre Situation begreifen: Erzähle, was du mit der verstorbenen Person gemacht hast, wo sie glücklich war, wo du ärgerlich auf sie warst oder was ihre Lieblingssüßigkeit war. In Schmerz und Trauer nicht allein zu sein, sondern angenommen und verstanden zu werden, bedeutet für Kinder sowie für den zurückgebliebenen Elternteil eine Insel der Geborgenheit, um gestärkt in den Alltag zurückzukehren.

Zehn Merksätze
Wenn Kinder von Eltern Abschied nehmen

1. Der zurückgebliebene Partner ist überfordert, seine Kinder wahrzunehmen, da seine Kraft oft gerade dazu ausreicht, nur das jüngste Kind zu versorgen.
2. Nahe Familienangehörige, denen die Kinder vertrauen, sind hilfreiche Ansprechpartner, aber auch ambulante Hospizhelfer, Trauerbegleiter oder Familienhelfer.
3. Kinder brauchen klare und altersgemäße Antworten auf ihre Fragen, die später nicht korrigiert werden müssen. Das schafft Vertrauen und Sicherheit.
4. Kinder dürfen sich von der verstorbenen Person verabschieden und an der Trauerfeier teilnehmen. Eine vertraute Person sollte sie begleiten.
5. Auch wenn Kinder nicht über ihre Schuldgefühle spre-

chen, so sind sie darauf anzusprechen und diese sind ihnen zu nehmen. Für den Tod ihrer Eltern sind Kinder nicht verantwortlich. Das trifft besonders für jüngere Kinder zu, deren Weltsicht von magischen Vorstellungen und Allmachtsfantasien durchsetzt ist.

6. Kinder trauern anders als Erwachsene. Sie trauern eher sporadisch und nicht kontinuierlich. Sie lernen auch in der Trauer gern voneinander.
7. Kinder und Jugendliche suchen die Normalität des Alltags, damit nicht noch mehr Verluste sie verunsichern.
8. Kinder brauchen Erinnerungsstücke an Vater oder Mutter – und Erinnerungen, die ihnen bleiben.
9. Wenn die Trauer nicht gelebt wird, können sich langfristig Störungen bemerkbar machen. Das veränderte Verhalten der Kinder kann ein Anlass sein, gezielt pädagogische oder therapeutische Hilfe in Anspruch zu nehmen.
10. Kinder brauchen in der Zeit der Trauer viel Zuwendung und Aufmerksamkeit, um sich der veränderten Situation anzunähern und in das veränderte Leben allmählich hineinzuwachsen.

7 Kommunikation am Ende des Lebens

Miteinander reden und schweigen

Am Ende des Lebens nimmt das Reden ab und das Schweigen zu. Die Kommunikation ohne Worte gewinnt an Bedeutung. Das ist für Angehörige wie für ehrenamtliche Hospizbegleiter oft nicht leicht auszuhalten, da uns die Fähigkeit abhanden gekommen ist, nichtsprachliche Signale wahrzunehmen und zu verstehen.

Bei einer Paarübung, bei der eine Person etwas Freudiges und danach etwas Trauriges erzählt, muss die zuhörende Person auf die körpersprachlichen Signale achten und sie genau beschreiben. Dabei darf sie selbst nicht sprechen, um ganz konzentriert Mimik und Gestik, Stimme und Atem, Körperbewegung und Blickkontakt bewusst wahrzunehmen. Das ist selbst für Hospizhelfer, die sich auf die Begleitung von Sterbenden vorbereiten, nicht einfach zu praktizieren. Allein die Erfahrung zuzulassen, nur zuzuhören, und die eigenen Antworten zurückhalten zu müssen, fällt nicht leicht. Doch es geht ja darum, sich ganz auf den Schwerkranken und Sterbenden einzulassen, auch dann, wenn die Sprache mehr und mehr verstummt.

Manchmal wird nur der sterbende Körper gesehen mit all den Zeichen des Verfalls, den Verfärbungen der Haut, mit ausbrechenden Tumoren und Ausdünstungen, die schwer zu ertragen sind. Der Mensch wird durch die Brille der Krankheit wahrgenommen und nicht mehr als eine einzigartige Person, die mehr ist als die Hülle ihres Körpers. Auch für den Sterbenden ist es hilfreich und wichtig, ihn nicht auf seine Körperlichkeit zu begrenzen, sondern ihn anzuschauen als die geliebte Person, die ich auf ihrer letzten Wegstrecke begleite.

„Der Leidensweg meines Schwiegervaters, den ich schon seit meinem 17. Lebensjahr kannte und den ich sehr gern hatte“, so berichtet Frau N., „begann neun Jahre bevor er starb. Die Diagnose lautete Darmkrebs.
Einige Wochen vor dem Tod meines Schwiegervaters bildete sich ein wachsender Tumor in der Lunge, der mehr und mehr fühl- und sichtbar wurde. Als ich seinen Rücken mit einem kühlenden Gel einrieb, fragte er mich, ob das Geschwür denn größer geworden sei. Ich erinnere mich daran, wie schwer es mir fiel, eine Antwort zu finden, aber ich weiß heute nicht mehr, ob ich überhaupt darauf antwortete. Woran ich mich jedoch deutlich erinnere, ist die Atmosphäre, die uns beide in diesem Moment umgab. Es fühlte sich an wie eine ruhige klare Absprache über das, was in Kürze unausweichlich geschehen würde, und dem gegenseitigen tiefen Einverständnis, es nicht beim Namen zu nennen.
Weder von meinem Schwiegervater noch von meiner Schwiegermutter wurde jemals über den bevorstehenden Tod gesprochen. Am Tag, bevor er starb, wurde er von seinem Ehebett noch in ein Pflegebett umgebettet. Kurz danach fiel er in ein Koma, aus dem er nicht mehr erwachte.
Meine Erinnerung an diese finale Phase ist zum einen geprägt durch das laute und schwere Atmen meines Schwiegervaters, zum anderen durch die Ruhe und Stille im Haus. Es herrschte trotz aller Traurigkeit eine ruhige und stille Atmosphäre, in der der Schmerz des Abschieds zu spüren war.
Für mich bleibt die dankbare Erinnerung an einen friedvollen Tod im Kreise der Familie, auch wenn bereits viele Wochen vor seinem Tod der Sterbeprozess einsetzte. Deutliche Zeichen dafür waren Appetitlosigkeit bis hin zum völligen Einstellen der Nahrungsaufnahme und dementsprechender Abmagerung sowie zunehmender Schwäche, die in totaler Kraftlosigkeit endete. Es ist schwer zu sagen, ob mein Schwiegervater angstfrei gestorben ist oder ob es der kräftezeh-

rende Kampf der letzten Jahre mit sich brachte, dem Tod als Erlösung entgegenzusehen. Vielleicht bedingt ja auch das eine das andere."

Wo der Verlust der eigenen Selbstständigkeit zunehmend erfahren wird, die Sprache als Mittel der Verständigung immer mehr zurücktritt, nimmt die wortlose Kommunikation einen breiteren Raum ein. Reden und Schweigen wechseln einander verstärkt ab. Schweigen kann angesichts des Todes als eine zutiefst still schweigende innige Verbundenheit, als ein Geschenk wahrgenommen werden, wo Worte einfach fehl am Platze sind.

Die Fähigkeiten, die wir nach und nach ausbilden und entwickeln, wenn unser Leben beginnt, bilden sich am Ende des Lebens wieder zurück. Am längsten bleiben das Blickverhalten, die Hörfähigkeit und das Fühlen erhalten, die den Kontakt zur Außenwelt aufrechterhalten.

„Das Leben beginnt im nonverbalen Dialog, und es endet im nonverbalen Dialog." (Babanek 2001, 14)

Für diesen Dialog sind wir als begleitende Angehörige auf unsere Intuition, Wahrnehmung und Empathiefähigkeit angewiesen. Unsere Wahrnehmung ist freilich unterschiedlich ausgeprägt. Während die eine Person die äußere Wirklichkeit mit dem Denken erfasst, also in logischen Strukturen und Schlussfolgerungen, nimmt eine andere Person die Wirklichkeit mit der Funktion des Fühlens wahr. Die Frage, ob es für sie angenehm oder unangenehm ist, hilft ihr, die Wirklichkeit zu erfassen.

Ein einfaches Beispiel kann diese unterschiedliche Art der Wahrnehmung illustrieren. In einer Paarberatung erzählt eine Frau, dass sie sich einen blauen Krug gekauft hat. Ihr Mann fragte sie daraufhin, warum sie diesen Krug kaufte. Sie sagte: „Weil er mir gefiel." Darauf ihr Mann: „Du musst mir doch erklären kön-

nen, warum und wozu du diesen Krug erworben hast?" Die Frau wiederholte ihre Antwort. An diesem alltäglichen Beispiel verstanden sie aber, dass sie die Wirklichkeit ganz unterschiedlich betrachten und dass es unterschiedliche Möglichkeiten gibt, die Wirklichkeit zu begreifen.

Neben der entgegengesetzten Wahrnehmung von Denken und Fühlen hat Carl Gustav Jung (1875–1961) auf einen weiteren Unterschied hingewiesen. Der intuitive Wahrnehmungstyp erfasst die Wirklichkeit ganzheitlich, von innen her, Sinn erschließend, ohne den konkreten Einzelheiten Beachtung zu schenken. Die entgegengesetzte Wahrnehmung hingegen orientiert sich vorrangig an den Einzelheiten, an einzelnen Fakten und Beobachtungen, um sich die Wirklichkeit zu erschließen. Anlagemäßig stehen uns zwar alle vier Möglichkeiten zur Verfügung, so ist es doch nur eine, die wir vorrangig benutzen, um die äußere und innere Wirklichkeit zu erfassen.

In der Begleitung Sterbender gewinnt die Körpersprache an Bedeutung. Sie teilt uns anschaulich mit, wie sich der andere fühlt, was er braucht und was ihn beschwert. Wir sprechen immer mit unserem ganzen Körper, wenn auch unbewusst. Unser Körper spricht und reagiert auf die Person, die ihr begegnet. Körpersprache ist Zwiesprache zwischen zwei Personen über Haltung und Stimme, Gestik und Mimik.

„Die Körpersprache ist regelrecht die Sprache der Sterbenden in der terminalen Phase." (Babanek 2001, 25)

Wo ein Sterbender sich sprachlich nicht mehr äußern kann, bildet sie eine Brücke zu ihm.

Körpersprache und die Kommunikation der Sinne

In der Begleitung von Schwerstkranken und Sterbenden sind wir als Person ganzheitlich gefordert, um unseren schwerkranken und sterbenden Angehörigen Zeit, Zuwendung und Zärtlichkeit zu schenken. Wenn deren Sprache versiegt, wird die Wahrnehmung der Körpersprache immer wichtiger: Haltung und Körperbewegung, Gestik und Mimik, Atem wie Stimme, Blickrichtung und Körperkontakt vermitteln uns Hinweise, wie unseren Schwerkranken und Sterbenden zumute ist und wie wir mit ihnen über die Körpersprache kommunizieren und ihre Sinne anregen können. Sterben macht oft sprachlos, sodass die nonverbalen Gesprächsanteile zunehmen, doch auch Schwerkranke sprechen mit ihrem ganzen Körper. Er erzählt uns anschaulich von ihrem Befinden.

Formen der Körpersprache

Das *Gesicht* vermittelt uns viele Informationen, wie sich ein Mensch fühlt. Zu ihm gehören Mund, Augen und Augenbrauen, Haut und Nase. Der Mund kann nach oben oder unten gezogen sein, er kann geschlossen und unterschiedlich geöffnet sein. Die Augenbrauen können hochgezogen oder gerunzelt sein. Die Nase kann gerümpft und die Nasenflügel geweitet sein. (Argyle 1996, 203)

Gefühle, die sich im Gesichtsausdruck widerspiegeln, werden als Freude, Überraschung, Angst, Traurigkeit, Wut, Ekel und Interesse erkannt. Im Gespräch wird den Gesichtsbewegungen eine wesentliche Rolle eingeräumt, wobei die Emotionen am gesamten Gesichtsausdruck festgemacht werden. Bei Wut runzelt sich die Stirn, ein Augenlid wird hochgezogen, die Nasenflügel weiten sich, der Mund ist geöffnet und die untere Zahnreihe entblößt. Dennoch ist es nicht immer einfach, Emotionen am Gesichtsausdruck zu erkennen, da negative Gefühle oft überspielt oder nur im Bruchteil einer Sekunde sichtbar werden.

Der *Blickkontakt* ist eine Ebene der Kontaktaufnahme, die bei Schwerkranken und Sterbenden besonders hilfreich ist. Der Blick, der sich begegnet und einander aushält, vermittelt Zuwendung, Geborgenheit und Vertrauen. Längere und mehrfache Blickkontakte signalisieren Interesse und Zuwendung zu einer anderen Person. Ein Blick, der sich hingegen abwendet, ist wohl als Hinweis zu verstehen, dass der Kranke seine Ruhe möchte und erschöpft ist. Kann er dies nicht mehr selbst äußern, kann ein Angehöriger dies fragend formulieren und in einer Ja-Nein-Sprache eine Antwort finden. Das kann auf unterschiedliche Weise geschehen, sei es durch einen Lidschluss oder einen Druck in die Hand, die ein „Ja" bedeuten. Ein starrer Blickkontakt, der einen anderen Menschen fixiert und ihm keinen Freiraum lässt, engt ein und wird als sehr unangenehm wahrgenommen. Beim Zuhören verweilt unser Blick freilich länger bei der anderen Person als wenn wir selbst sprechen.

Ein Vermeiden des Blickkontaktes deutet eher auf Scham, Angst und Verlegenheitsgefühle hin. Das ist wohl ein deutliches Signal dafür, dass es dem Gesprächspartner unangenehm und zu viel wird, weil Scham, Furcht, Angst und Ärger schwer auszuhalten sind.

In *Mimik, Gestik und Körperhaltung* finden körperliche, seelische und geistige Befindlichkeiten ihren Ausdruck, sodass wir die Emotionen von Freude, Angst, Traurigkeit und Wut an der Mimik unseres Gesprächspartners meist schnell zu erkennen vermögen. Was vermittelt mir heute sein Gesichtsausdruck, ist er entspannt und sorglos oder angespannt und sorgenvoll? Sind die Augenbrauen gehoben und wie ist sein Mund geformt? Doch erst der gesamte körperliche Ausdruck eröffnet die Möglichkeit, mehr von dem Kranken und Sterbenden zu verstehen.

Vielleicht ist sein Rücken gekrümmt, die Schultern eingezogen und seine Hand zur Faust geformt. Die Schulterpartie zeigt, ob sich ein Mensch wohl fühlt und er ein gesundes Selbstwertgefühl ausstrahlt. Angespannte Schultern deuten auf Spannungen hin, während nach vorn hängende Schultern Antriebslosigkeit, Traurigkeit und Hilflosigkeit signalisieren. Arme, die ausgebreitet sind, laden ein zum Gespräch und zeigen Offenheit gegenüber dem Gesprächspartner an. Sind die Arme eher am Körper angelegt, ist das wohl ein Zeichen dafür, sich nicht zu sehr öffnen zu wollen. Körpersprachliche Äußerungen sind aber individuell geprägt und ich kann mich in meiner Wahrnehmung auch täuschen. Daher werde ich das, was ich beobachte, fragend formulieren und behutsam ins Gespräch einbringen, um zu erfahren, ob meine Wahrnehmung mit dem Befinden des Kranken wirklich übereinstimmt. Körpersprachliche Äußerungen, die ich sehe, dienen nicht dazu, andere festzulegen, sondern sie besser, und zwar aus dem Verlauf des Gesprächs heraus, zu verstehen.

Frau M., eine Hospizhelferin und ausgebildete Trauerbegleiterin, berichtet, wie sie über Mimik, Gestik und Körperberührung Frau Z. erreichte. „Als ich ihr Zimmer betrat, war sie wieder aus dem Krankenhaus entlassen und lag auf dem Rücken in ihrem Bett im Pflegeheim. Ihre Augen blickten an die Zimmerdecke und bewegten sich sehr unruhig. Ihr Mund stand offen und wirkte unkontrolliert. War sie apathisch oder in eine andere Bewusstseinsebene abgeglitten? Sie nahm mich jedenfalls nicht wahr. Ich begrüßte sie, blieb zunächst nur ruhig bei ihr stehen und streichelte dann behutsam ihren Arm. Dann sang ich ihr etwas vor, Volkslieder, die sie kennt und mag. Ihre Augen suchten den Kontakt zu mir und nach und nach schloss sich ihr Mund und ihre Lippen bewegten sich leicht. Ich holte ihre Puppe, die sie sehr liebt, hielt sie ihr hin und sprach zu ihr. Sie hob nur ganz leicht ihren Kopf, ihre Mimik drückte ein freudiges Erkennen aus und ein begrüßender Laut kam über ihre Lippen. Im weiteren Verlauf unserer Begegnung erwähnte ich noch ihren Heimatort. Das tat ihr gut. Ihre Züge entspannten sich, die Atmung war tief und ruhig. Ihre Augen bewegten sich wenig und als ich ging, hatte ich das Gefühl, dass sie ein wenig Ruhe gefunden hat.“

Durch *Körperkontakt* und *Berührungen* findet ein nichtsprachliches Zwiegespräch von Körper zu Körper statt. Dieses Zwiegespräch ist eine Form der Kommunikation, die Kranke und Sterbende auch dann noch erreicht, wenn sie bewusstlos sind. Menschen, die aus dem Koma erwacht sind, erinnern sich an Berührungen, die sie als angenehm und ermutigend empfunden haben. (Babanek 2001, 27 f.)

Berührung löst Nähe aus und sie stärkt das eigene Körpergefühl. Indem wir unsere Kranken und Sterbenden pflegen, erfahren sie körperlich eine Zuwendung, die als stärkend und heilend empfunden wird. Auch dann, wenn der Kranke mit seinem Körper hadert, erfährt er, dass er berührt und angenommen wird.

Doch nicht jeder Kranke und Sterbende kann Berührung und Nähe zulassen. Daher ist zu erspüren, ob ihm Berührungen wirklich gut tun, besonders dann, wenn er seine Ablehnung nicht mehr sprachlich zu äußern vermag. Fallen die Rückmeldungen auf Berührungen positiv aus, wird durch diese basale Stimulation ein Körperbewusstsein angeregt, das den Kontakt zu seinen Angehörigen und zur Außenwelt stärkt.

Die *Bewegungen unseres Körpers* sind ein wichtiger Hinweis auf die innere Befindlichkeit, aber auch auf die Beziehungsebene zu unserer Umwelt. Die Körperbewegung, die sich einem anderen zuwendet, sei es durch eine Kopfbewegung, die Zuwendung des Rumpfes oder des ganzen Körpers, darf als ein Sich-Öffnen zu einer anderen Person verstanden werden. Ein Sich-Abwenden macht auf das Gegenteil aufmerksam, auf den Wunsch, das Gespräch zu beenden und Ruhe zu finden. Als weitere Kennzeichen, die eine Erschöpfung oder das Beenden einer Gesprächsbereitschaft signalisieren, zählen folgende Merkmale:

- zunehmende unruhige, unregelmäßige oder hektische Atmung,
- schneller, hoher Anstieg der Herzfrequenz,
- Schwitzen, Erröten und Blasswerden,
- Anspannung der Muskulatur,
- Verschließen von Mund und Augen,
- Abwendung der Augen und des Kopfes sowie
- ein grimmiger Gesichtsausdruck, Zubeißen und ein Runzeln der Stirn.

Als Bereitschaft für eine Kommunikation wird auf folgende Merkmale verwiesen:

- tiefes Einatmen,
- leichte Zunahme der Herzfrequenz,
- körperliche Entspannung,
- leichtes Öffnen von Mund und Augen und
- ein Hinwenden von Kopf, Schulter, Arm und Hand. (Otterstedt 2005 a, 79)

Diese Zeichen sind Hinweise, die dann in rechter Weise verstanden werden können, wenn ich die individuelle Körpersprache meines Gegenübers gut kenne und beachte.

Anregung der Sinne

Wenn die Sinne eines Schwerkranken angeregt werden, bilden diese eine Brücke zu ihm. Das geht über den *Sehsinn*, wenn Schwerkranke und Sterbende Fotos ihrer Familie sehen oder über Bildkarten und Piktogramme kommunizieren. Der *Hörsinn* schafft einen Kontakt, indem ein Schwerkranker und Sterbender über vertraute Geräusche oder Musik erreicht wird.

Frau R. berichtet, wie eine an ALS erkrankte Frau, das ist eine tödlich verlaufende Muskelerkrankung, ihre letzten Lebenswochen im Hospiz verbringt. Seit drei Wochen ist ihre Kommunikation eingeschränkt. Sie kann nicht mehr sprechen und Arme und Kopf nur noch wenig bewegen. In den letzten Tagen nimmt ihre Unruhe zu. Ihre Angehörigen und Freunde sind ratlos, alle Zuwendung und Aufmerksamkeit tragen nicht dazu bei, ihre Unruhe zu stillen. Plötzlich sagt eine Freundin: „Sie wollte doch immer in einem Gospelchor singen." Das hört eine Pflegekraft des Hospizes, die an diesem Abend eine Gospelchorprobe absolviert. Sie holt ihre Noten aus dem Auto und die anwesenden Angehörigen und Freunde stellen sich im Zimmer auf. Beim Singen des zweiten Gospels stirbt sie ruhig und friedlich.

Musik kann entspannen, die eigene Stimmungslage verändern, Gefühle ausdrücken und an die eigene Lebensgeschichte erinnern. Sie beruhigt, vermittelt Halt und Trost, wenn sie einen Kranken auf seinem Lebensweg begleitete.

„Der Geruchssinn ist ein mächtiger Zauberer, der uns über Tausende von Kilometer und über alle Lebensjahre hinweg zu tragen vermag." (Helen Keller)

Wenige Tage bevor Frau B. starb, erzählte sie, wie ihre Mutter immer freitags die Dielen mit Bohnerwachs einrieb und später blank putzte. Wenn diese Arbeit vollzogen war, gab es Kakao und Butterbrötchen, eine Kerze wurde angezündet und miteinander gesprochen. An den Geruch von Bohnerwachs erinnerte sie sich gern. Mit ihm verband sie Gefühle von Ruhe und Geborgenheit in ihrer Familie.

Doch auch in Übungen, wo sich Seminarteilnehmer ihren Lieblingsplatz nur bildlich vorstellen, werden häufig Düfte und Gerüche intensiv gespürt. Das kann der Duft von frischem Heu sein, eine Brise Seeluft oder der Duft von Tannennadeln.

In manchen Hospizen wird die Aromatherapie bewusst angewandt, da die ätherischen Öle eine entspannende Wirkung auslösen und das Wohlgefühl fördern. Die Aromatherapie findet ein breites Anwendungsgebiet. Dazu gehören Duftlampen, die unangenehme Gerüche binden, Kompressen, die eine spezifische Wirkung entfalten, Massagen und Einreibungen sowie Duft- und Schlafkissen. Auch in der Begleitung Sterbender trägt die Aromatherapie zum Wohlbefinden bei. Dabei werden die Hospizgäste gefragt, welchen besonderen Duft der Einzelne mag und welchen nicht und ob er allergisch auf bestimmte Öle reagiert. Da, wo aufbrechende Wunden einen unangenehmen Geruch entfalten, tragen ätherische Öle auch dazu bei, die Atmosphäre für Patienten und Angehörige erträglicher zu gestalten.

Der *Geschmackssinn* belebt Erinnerungen an Speisen und Getränke, die mit sinnlichem Erleben und mit Genuss verbunden sind. Das Essen ruft Erinnerungen wach an die Tage der Kindheit und an die Menschen, die es zubereitet haben. Der Kartoffelsalat der Tante zu Weihnachten, die eingelegten Gurken der Oma und die Marmelade der Schwiegermutter gehören dann einfach zur Familiengeschichte.

> *„Essen macht Freude. Die einfache Freude des Gesättigtseins und die raffinierten Freuden der Sinneserfahrung.“* (Kaufmann 2006, 146)

Ein bestimmtes Gericht weist auf familiengeschichtliche, regionale und kulturelle Wurzeln hin. Es weckt Erinnerungen an Personen, Feste und Mahlzeiten, die die Familie gemeinsam eingenommen hat. Wenn es gelingt, unseren kranken und sterbenden Angehörigen eine Freude zu bereiten, indem sie mit allen Sinnen schmecken und riechen, sehen, hören und tasten, dann kann sie das Essen und Trinken auch in kleinsten Portionen mit Freude erfüllen. Manchmal reichen schon einige Züge an der Zigarette, die sie selbst nicht mehr halten können, oder kleine Eiswürfel aus Sekt oder Bier.

Mit dem *Tastsinn* erschließen und begreifen wir unsere Umwelt, halten Kontakt zu ihr. Wo unsere Sinne verkümmern oder ein Sinn ausfällt, fehlt uns eine Sinneswahrnehmung, die uns unserer Lebensfülle beraubt. Das ist offensichtlich, wenn wir nicht mehr das sehen, was uns gut tut, nicht mehr das hören, was uns vertraut ist, nicht mehr das schmecken, was uns erfreut, und nicht mehr das riechen, was uns erfüllt und uns tief ein- und ausatmen lässt. Auch unser Tastsinn braucht Angebote, damit wir uns wohlfühlen.

Manchmal bringen Pflegekräfte ihre Hunde ins Heim oder ins Hospiz mit. Bewohner, die mit Tieren aufgewachsen sind, nehmen gern zu ihnen Kontakt auf und freuen sich, sie zu streicheln. Andere Bewohner widmen sich gern der Pflege der Blumen und wieder andere sind froh, ihnen vertraute Materialien zu spüren.

Symbolsprache Sterbender

Die Sprache der Symbole ist eine Sprache in Bildern, die uns tief berührt und gleichsam einen Überschuss an Sinndeutungen freisetzt. Es ist die Sprache der Psyche, die in Bildern und Träumen, in Gleichnissen, in einzelnen Symbolen oder in symbolischen Handlungen die Wirklichkeit überschreitet. Die Symbolsprache ist mehrdeutig, die Sprache der Zeichen hingegen eindeutig.

Ein Symbol ist etwas Zusammengefügtes (symbállein = zusammenwerfen). Wenn sich zwei Freunde im alten Griechenland für einige Zeit trennten, zerbrachen sie eine Tontafel, die bei ihrer Rückkehr wieder zusammengefügt wurde und darauf hinwies, dass der Freund das Recht auf Gastfreundschaft besaß. Der materielle Gegenstand weist über sich hinaus auf einen geistigen Wert: die Freundschaft. In unserer Zeit symbolisiert der Ehering, dass sich zwei Menschen in Liebe begegnen, füreinander einstehen und ihr Leben gemeinsam gestalten. Wenn diese Wünsche und Werte der Lebenswirklichkeit nicht standhalten, verliert der Ring für dieses Paar seinen ideellen Wert. Er wird abgelegt, eingeschmolzen, vielleicht auch in einem symbolischen Akt begraben oder einem Brunnen oder See übergeben. Zeichen hingegen sind eindeutig und unverschlüsselt. So wird das Zeichen für ein Restaurant einfach mit Messer und Gabel dargestellt.

Schwerkranke und Sterbende sprechen manchmal ihr Sterben direkt an, andere treffen mit ihren Angehörigen ein stilles Einverständnis, nicht über Tod und Sterben zu sprechen, wieder andere deuten in Symbolen und Bildern ihr Sterben an oder sie weisen in symbolischen Handlungen auf ihr Sterben hin.

Das direkte Ansprechen des eigenen Todeszeitpunktes, der dann auch auf natürliche Weise eintritt, kommt selten vor. Daher erinnern sich zwei Pflegefachkräfte, die viele Jahre im Heim oder Hospiz Schwerkranke begleiteten, besonders gut an drei Sterbende.

Als Frau L. ihre Mutter im Pflegeheim besucht, teilte ihre Mutter ihr mit, was sie gern tragen möchte, wenn sie gestorben ist. Dann sagt sie: „Morgen machst du frei. Ich sterbe heute Nacht. Dann kannst du alles erledigen." Für die Mutter war nun auch das Letzte geklärt. Am nächsten Tag ist sie gestorben und die Tochter erfüllte ihr ihren letzten Wunsch.

Als Frau E. ihre erwachsene Tochter im Hospiz besucht, fragt sie besorgt, wie lange denn das Sterben noch dauere. „Mutti, nicht mehr lange. Was ist denn morgen für ein Datum?" Darauf antwortete sie. „Der Zwölfte". „Nun, dann am Zwölften", war ihre Antwort. An diesem Tag ist sie dann auch gestorben.

Auf ungewöhnliche und direkte Weise wies Frau M., ein Hospizgast, darauf hin, dass ihr Sterben bevorsteht. „Bis zu diesem Zeitpunkt genoss sie die Massagen und die achtsamen Berührungen ihres kranken Körpers“, erzählt eine Fachkraft. „Doch Tage vor ihrem Tod haben wir auf ihren Wunsch hin ein Schild an die Tür gehängt, weil sie nicht mehr unnötig gestört werden wollte. Sie bestand darauf, dass auf diesem Schild zu lesen war: ‚Leise, ich sterbe!‘“

Aber auch Handlungen, die praktisch vollzogen werden, können symbolisch so verstanden werden, dass der Schwerkranke und Sterbende bereit ist, dem eigenen Tod ein wenig entgegenzugehen.

In einer häuslichen Sterbebegleitung betreute Frau M. einen 93-jährigen an Krebs erkrankten Herrn, der sich in einer realen und zugleich symbolischen Handlung vom Leben zurückzog. Gerade als sich sein Zustand verschlechterte, stand ihr einwöchiger Winterurlaub bevor. Aus dem Urlaub zurückgekehrt, erkundigte sie sich am Sonntag noch telefonisch nach seinem Befinden. Seine Frau berichtete ihr später, wie er sich über ihren Anruf freute. Noch konnte er ein wenig in der Wohnung herumlaufen. An diesem Sonntagabend jedoch machte er sein Hörgerät mit den Worten ab: „So, das brauchen wir nun nicht mehr“ und legte sich ins Bett. Er ist aus diesem nicht mehr aufgestanden. Frau M. war jeden Tag in dieser Woche bei ihm. Er dämmerte immer mehr vor sich hin und erwachte nur ab und zu. Wenn sie ihn streichelte, nickte er immer leicht mit dem Kopf. Am Freitag aber hat er bei ihren behutsamen Berührungen kaum wahrnehmbar den Kopf geschüttelt. Am Sonnabendfrüh ist er dann ruhig gestorben.

Etwas abzugeben, das zum Leben nicht mehr benötigt wird, kann darauf hinweisen, zum Sterben bereit zu sein. Das kann das Hörgerät sein, das abgelegt wird, der Blindenstock, der zur Seite gelegt wird oder die Zahnprothese, die nun im Becher bleibt.

Neben diesen Handlungen weist die Symbolsprache Sterbender viele Möglichkeiten auf, um auf sprachliche Art und Weise das eigene Sterben anzudeuten. Zu ihnen zählen Begriffe und Wortassoziationen wie:

- Haus und Wohnung (Mein Haus ist zu klein geworden. Ich suche mir eine neue Wohnung. Mein Haus verfällt, der Putz bröckelt und die Treppen sind morsch).
- Nach Hause kommen, Heimat (Der Weg nach Hause ist weit. Ich bin nur Gast auf Erden. Der Platz hier reicht ja nicht mehr aus. Ich will nun aufbrechen).
- Sich auf eine Reise vorbereiten (Wann holt mich der Chauffeur endlich ab? Ich muss die Koffer packen. Ich muss das Flugzeug, meinen Zug oder das Schiff pünktlich erreichen. Ich darf die Abreise nicht verpassen).
- Geld und finanzielle Unsicherheiten (Das Geld reicht nicht mehr. Wer soll das alles bezahlen?).
- Zeitliche Vorstellungen (Meine Zeit ist abgelaufen. Die Uhr tickt nicht mehr richtig. Es steht eine andere Zeit bevor). (Specht-Tomann 2007, 153–162; Otterstedt 2005 b, 49–56)

Für die eigene Wahrnehmung ist es hilfreich, die Äußerungen Sterbender behutsam aufzugreifen und deren emotionalen Gehalt anzusprechen.

Darüber hinaus kann auch ein realer Wunsch angesprochen sein, wenn eine Person tatsächlich noch ein bestimmtes Reiseziel verwirklichen möchte. Andererseits muss eine Aussage nicht beunruhigend sein, die mit der Wirklichkeit nicht übereinstimmt (Mein Haus verfällt, die Treppen sind morsch), da sie symbolisch den eigenen körperlichen Zustand beschreibt. Indem der emotionale Gehalt, der hinter den Aussagen steht, wiedergegeben wird, fühlt sich der Sterbende angenommen und verstanden.

8 Wenn der Tod eingetreten ist

„Die Zeit zwischen Tod und Beerdigung lass ich mir nicht mehr rauben …“

Was müssen Sie als Erstes tun, wenn der Tod eingetreten ist? Wie können Sie sich von Ihrem verstorbenen Ehemann oder Ihrer Ehefrau so verabschieden, dass es ein guter Abschied wird und Sie auch im Rückblick froh sind, alles richtig entschieden und nichts versäumt zu haben?

Welche Entscheidungen müssen Sie in diesen Tagen zwischen dem Eintritt des Todes und der Beerdigung mit dem Bestatter treffen und wie ist eine Trauerfeier so zu gestalten, dass Sie sich an Ihre Angehörigen dankbar und wahrhaftig erinnern?

Den Hausarzt benachrichtigen

Wann ist es Zeit, den Hausarzt zu benachrichtigen, um den Totenschein ausstellen zu lassen? Tritt der Tod nachts ein, so reicht es bei einem natürlichen Tod aus, den Hausarzt am Morgen zu verständigen. Allerdings ist es gut, sich den Todeszeitpunkt genau zu notieren. Sie werden bei der ärztlichen Leichenschau sicher danach gefragt werden, wann der Tod eingetreten ist, da diese Angabe auf dem Totenschein vermerkt wird.

Der Todesbescheinigung geht die ärztliche Leichenschau voraus, um die Anzeichen des Todes, den Todeszeitpunkt, die Todesart und die körperliche Unversehrtheit festzustellen. Bei einer Feuerbestattung wird außerdem in den meisten Bundesländern durch den Amtsarzt im Krematorium eine zweite Leichenschau vorgenommen.

Die Todesbescheinigung ist unerlässlich, um die Überführung

in die Leichenhalle zu veranlassen, und sie ist das Dokument, das für die Bestattung, das Standesamt und die Nachlassregelung vorliegen muss.

Stirbt eine Person im Krankenhaus oder Altenheim, sorgen diese Institutionen dafür, dass der Totenschein ausgestellt wird, ohne dass Sie als Angehörige tätig werden müssen.

Das Bestattungsinstitut aufsuchen

Wenn Sie den Hausarzt benachrichtigt haben, werden Sie als Angehörige ein Bestattungsinstitut kontaktieren, um die Einzelheiten für die Aufbahrung, die Überführung, die Art der Bestattung, Friedhofs- und Grabwahl zu besprechen. Die Totenfürsorge ist Recht und Pflicht der nächsten Angehörigen. Das sind in absteigender Reihenfolge Ehepartner, Kinder, Eltern und Geschwister. Wenn Sie sich in Ihrer Familie bereits über all diese Fragen ausgesprochen haben, ist es leichter, dem Willen des Verstorbenen zu entsprechen. Wenn eine Bestattungsvorsorge abgeschlossen wurde oder eine Bestattungsverfügung vorliegt, so sind wesentliche Fragen für die Beisetzung entschieden und geklärt. Für eine Bestattung benötigt das Bestattungsinstitut zunächst folgende Unterlagen:

- Personalausweis des Verstorbenen,
- Todesbescheinigung,
- Geburts oder Heiratsurkunde des Verstorbenen (bei Geschiedenen auch das Scheidungsurteil),
- Sterbeurkunde des verstorbenen Ehepartners (falls Verstorbener verwitwet),
- Bestattungsvorsorgevertrag oder Bestattungsverfügung (falls abgeschlossen),
- Grabdokumente über die Nutzungsrechte einer Familien- oder Wahlgrabstätte (falls abgeschlossen).

Welche Behördengänge Sie selbst erledigen oder dem Bestatter übertragen möchten, hängt von Ihrer Entscheidung ab. Ist es für Sie wichtig, bestimmte Formalitäten in diesen Tagen selbst zu regeln oder möchten Sie sich lieber um die Aufbahrung zu Hause, die Trauerfeier und das Zusammensein in der Familie im Anschluss an die Beerdigung kümmern? Zu den Behördengängen, die im Todesfall zu erledigen sind, gehören:

- die Beantragung der Sterbeurkunde beim Standesamt des Sterbeortes (übernimmt meist das Bestattungsinstitut),
- die Abmeldung bei der Rentenberechnungsstelle und der jeweiligen Krankenkasse,
- die Information der einzelnen Versicherungsträger sowie
- die unmittelbare inhaltliche und organisatorische Vorbereitung der Trauerfeier.

Aufbahrung der Toten

Die Zeit der Aufbahrung dient dazu, sich von der verstorbenen Person zu verabschieden und sie für die Einbettung im Sarg zu waschen und neu zu kleiden. Die Aufbahrung kann im offenen Sarg oder auf einer Totenbahre erfolgen. Bei einer geschlossenen Aufbahrung erfolgt der Abschied am geschlossenen Sarg.

Orte der Aufbahrung

Die Aufbahrung kann zu Hause erfolgen als Hausaufbahrung, aber auch in institutionellen Räumen von Krankenhäusern, Altenheimen und Bestattungsinstituten.

Allmählich wächst auch ein Bewusstsein dafür, dass die äußere Gestaltung der Abschiedsräume Raum schafft für das innere Abschiednehmen. Lange Zeit herrschte in Leichenhallen und Friedhofskapellen eine Kultur vor, die dem Prozess der Trauer eher im Wege stand.

> „Meine Begegnung mit einem Abschiedsraum", so erinnert sich Frau Z., „fand vor 20 Jahren statt, als meine Oma starb. Dort lag sie in einem fast fensterlosen, rechteckigen Raum der örtlichen Leichenhalle. Die teilweise abgeblätterte Wandfarbe, das grelle Neonlicht und der graue PVC-Boden unterstrichen den Garagen-Charakter dieses Abschiedsraumes. Durch einen aufkippbaren Glasbaustein wirbelte der Wind Schmutz und die Reste von verwelkten Trauerblumen von einem der verstorbenen Vorgänger umher. Spinnen und Fliegen waren das Einzige im Raum, was lebte und lebendig war. Das alles passte nicht zu meiner Oma – das hatte sie nicht verdient, in diesem Raum zu liegen. Sie war eine einfache Frau, die aber schöne Dinge gern mochte. Sie pflegte ihren wunderschönen alten Blumen- und Gemüsegarten, sodass Leute am Gartenzaun stehen blieben und ihn bewunderten. Als leidenschaftliche Schneiderin wählte sie wertvolle und prächtige Stoffe, Muster und Materialien aus. Sie liebte es, an einem schön gedeckten Kaffeetisch mit selbst gestickter Tischwäsche und Häkelspitze zu sitzen und ihren leckeren selbst gebackenen Kuchen zu genießen. Und jetzt lag sie an einem der unwürdigsten Orte, die man sich vorstellen kann. Ich ertrug es nicht, sie dort zu sehen. Der Gedanke war gefasst: Bloß schnell weg von hier!"

Stirbt ein Mensch zu Hause, kann der Abschied von der verstorbenen Person einzeln oder in Gemeinschaft vollzogen werden. Trotzdem ist es selten, dass Verstorbene bis zur Beerdigung in der häuslichen Umgebung aufgebahrt werden.
Herr S. und seine Schwester pflegten und begleiteten ihre Mutter bis zu ihrem Tod und gestalteten die Zeit der Aufbahrung zu Hause. Sie benachrichtigten den Pfarrer und er spendete ihrer Mutter die Krankensalbung.

> Die Geschwister, Neffen und Nichten kamen und verabschiedeten sich von ihr. Es wurde viel geweint und wenig gesprochen. „Meine Schwester und ich begleiteten Mutter in den letzten Stunden. Es war im Wortsinn eine Nachtwache. Mutter ist kurz nach 6.00 Uhr morgens in den Armen meiner Schwester gestorben. Danach haben wir sie würdevoll gewaschen und gekleidet. Am Totenbett haben wir einen Tisch mit Kerzen, Abschiedsbuch, Weihwasser und Buchs gerichtet. Sie blieb drei Tage daheim – aufgebahrt in ihrem Zuhause und in ihrem Bett – bis unmittelbar vor der Begräbnisliturgie. Wir haben viel gebetet und Totenwache gehalten. Es war über Tage hinweg eine besondere, weihevolle Atmosphäre. Nach alter katholischer Tradition fand das Begräbnis vor der Heiligen Messe statt. Am Ende der Begräbnisliturgie sangen wir ein von Mutter besonders geliebtes Marienlied."

Oft wird der Bestatter schnell gerufen und die verstorbene Person bald überführt. So bleibt wenig Zeit, sich zu verabschieden. Manchmal bleibt überhaupt keine Zeit.

Frau F., die im Krankenhaus mit dem Tod ihres Mannes konfrontiert wurde, konnte sich von ihrem verstorbenen Mann nicht mehr verabschieden. Die Frage der Nachtschwester „Nehmen Sie seine Sachen sofort mit?", die sie als Rauswurf empfand, macht sie noch heute wütend.

> „In den Monaten seiner Krankheit", so erinnert sie sich, „war ich ihm so nah; beglückend die Erfahrung, auch nonverbal kommunizieren zu können. Körperkontakt bekam eine intensive Bedeutung und ich versuchte mir in den letzten Tagen seines Lebens alles, was zu ihm gehört, genau einzuprägen: mit meinen Augen, mit meinen Händen, mit meinem Herzen. Und doch hatte ich ihn mir aus den Händen nehmen lassen. Die Zeit zwischen seinem Tod und dem Begräbnis hatte ich mir rauben lassen."

Das ist eine schmerzliche und bittere Erfahrung, die den Prozess des Trauerns blockiert und ungute Gefühle hinterlässt. Darf ein Verstorbener aber auch dann nach Hause geholt werden, wenn er im Krankenhaus oder einem Altenheim gestorben ist? Diese Frage ist mit wenigen Einschränkungen mit einem klaren „Ja" zu beantworten. Voraussetzung ist, dass die Todesbescheinigung vorliegt und der Bestatter den Verstorbenen nach Hause überführt.

Grenzen für eine häusliche Aufbahrung

Nicht gestattet ist eine Aufbahrung zu Hause, wenn die Person an einer Krankheit verstarb, die unter das Infektionsschutzgesetz fällt. Auch bei unnatürlichen Todesfällen wie bei Mord, Totschlag und Suizid ist eine Aufbahrung zu Hause nicht möglich, da eine sogenannte „Beschlagnahme" der Leiche durch die Polizei erfolgt. Diese ordnet die Abholung vom Sterbeort an, um nach einer eingehenden Untersuchung die Todesursache festzustellen. Erst danach wird die Leiche zur Bestattung freigegeben. Die Wahl des Bestatters ist den Angehörigen danach freigestellt.

Wenn Sie damit konfrontiert sind, dass ein geliebter Mensch durch Suizid sein Leben beendet hat, strömt so viel auf Sie ein, dass Sie kaum daran denken, sich von ihm verabschieden zu können. Ein Gespräch mit dem Bestatter kann klären, ob und auf welche Weise Sie Abschied nehmen können.

„Ich bin doch froh", berichtet eine Angehörige, „dass ich meinen Bruder im Bestattungshaus gesehen habe, nachdem er sich das Leben genommen hatte. Ich möchte diese halbe Stunde nicht missen und erinnere mich dankbar daran. In diesem Moment habe ich begriffen, dass er nicht mehr zurückkommt. Obwohl ich die Merkmale seiner Strangulation wahrnahm, sah sein Gesicht doch friedlich aus."

Angehörigen tut es gut, auch wenn sie nur die Hand des Verstorbenen berühren, ein Foto oder einen Gruß mit in den Sarg legen, aber auch die eigene Trauer, die Wut und ihr Nichtverstehen formulieren, weil der vertraute Mensch sein Leben nicht mehr ertragen hat. Sie begreifen dann aber auch schmerzlich, dass der Tod wirklich eingetreten ist.

Zeiten der Aufbahrung

Die Zeiten für eine Aufbahrung in häuslicher Umgebung sind in den einzelnen Bundesländern unterschiedlich geregelt, da das Bestattungsrecht in Deutschland Landesrecht ist. Wenn in Bayern die Zeit für eine Aufbahrung zu Hause nicht festgeschrieben ist, so beträgt sie in den anderen Bundesländern zwischen 24 und 48 Stunden. Diese Zeit kann auf Wunsch der Angehörigen bis zu 96 Stunden verlängert werden und ist beim zuständigen Ordnungsamt zu beantragen. Ein Rechtsanspruch auf eine Verlängerung dieser Aufbahrungsfrist besteht allerdings nicht.

Rituale für den Abschied

Rituale werden in allen Kulturen praktiziert, sie vermitteln Halt und Orientierung, wenn im Jahreskreis Gedenk- und Feiertage begangen werden oder im Lebenslauf besondere Veränderungen oder Übergänge (Geburt, Eintritt ins Erwachsenenalter, Partnerschaft, Krankheit und Tod) zu gestalten sind. Rituale funktionieren, indem sie:

- eine soziale Gemeinschaft stabilisieren, ihr inneren Halt und Orientierung vermitteln,
- Handlungsabläufe durch einen klaren Anfang und ein klares Ende strukturieren,

- einen Raum geben, um Emotionen zu leben und zu kanalisieren,
- Unerledigtes nachholen, eine gesunde Distanz zu Vergangenem herstellen und
- Übergänge in einen neuen familiären oder beruflichen Zustand inszenieren.

Für Angehörige ist ein plötzlicher und unerwarteter Todesfall schwer zu begreifen. Er trifft Angehörige wie aus heiterem Himmel. Von daher kann eine Aufbahrung zu Hause eine Hilfe sein, das Unbegreifliche tatsächlich zu begreifen, Verwandte und Freunde einzuladen, um in vertrauter Umgebung Abschied zu nehmen. Ein gemeinsamer Abschied tut auch den nächsten Angehörigen gut, weil sie nicht allein sind, sich gemeinsam erinnern, trauern und sich gegenseitig stärken und unterstützen.

Nachdem Frau C. unerwartet gestorben war, sprach die Familie über die Möglichkeit einer Aufbahrung zu Hause. Auch Verwandte und zahlreiche Freunde sollten sich in Ruhe und in einem würdigen Rahmen von ihr verabschieden können. „Noch am Abend", so erinnert sich die Freundin der Verstorbenen, „riefen wir den Bestatter an und trugen unseren Wunsch vor. Nach anfänglicher Verwunderung (es kommt wohl nicht so oft vor, dass Angehörige ihre Verstorbene nach Hause holen) stimmte er zu.

Es war ein warmer Herbsttag. In einem sonnendurchfluteten Zimmer haben wir sie gewaschen, mit einem Öl gesalbt und schön gemacht. Wir zogen ihr das Kleid an, das sie sich gewünscht hatte, und legten ihr ihren Lieblingsschmuck an. Es war ein Morgen voll Ruhe und Würde. Die Zeit schien stillzustehen und wir begannen, von ihr Abschied zu nehmen. Im Garten sammelten wir viele Rosenblätter und schmückten damit ihr Bett. Jede Handlung war von Liebe und Dankbarkeit geprägt. Hier hatte das Sterben nichts Beängstigendes.

Die Trauer wich einem Ergriffensein und einer inneren Ruhe. Die Familie hatte das Haus und den Garten mit Hunderten von Teelichtern geschmückt. Wir spielten leise ihre Lieblingsmusik, sangen Taizé-Lieder, die sie so sehr mochte, sprachen Psalmen und wuchsen in diesen Stunden des Abschieds zu einer Gemeinschaft, die diese Zeit dankbar in sich aufnahm."

Für das Abschiednehmen von einem Verstorbenen gibt es keine Patentrezepte, wohl aber hilfreiche Orientierungen und Anregungen.

Waschen und neu kleiden

Pflegekräfte oder Bestatter übernehmen zumeist die Aufgabe, die Verstorbenen zu waschen und frisch einzukleiden. Es ist ein letzter Dienst an den Verstorbenen, bevor sie aufgebahrt und in den Sarg gebettet werden.

Wenn Angehörige den Körper ihres verstorbenen Lebenspartners waschen, Vater oder Mutter mit Öl salben und die Sachen für sie auswählen und ihnen anziehen, die sie im Sarg tragen, ist das wohl ein tiefes bewusstes Abschiednehmen. Dieses Ritual regt an, Zwiesprache zu halten, Dank zu sagen und auch das auszusprechen, was schwer war. Es ist ein letzter intensiver körperlicher Abschied, ein Liebesdienst, der hilft, den Tod zu begreifen.

Orientierungshilfen:

- Wenn Sie es sich in der Familie nicht allein zutrauen, Ihren Verstorbenen zu waschen, so bitten Sie doch eine Brückenschwester, eine Sterbeamme oder einen Bestatter um Unterstützung.
- Der Verstorbene soll flach liegen,
- pflegerische Hilfsmittel werden entfernt,

- da Darm und Blase noch unwillkürlich funktionieren, ist es hilfreich, eine wasserundurchlässige Unterlage (Folie) bereit zu halten,
- den Verstorbenen behutsam waschen, seinen Körper liebevoll pflegen,
- die Augenlider sanft schließen (mit einem feuchten Wattebausch beschweren),
- die Zahnprothese einsetzen, wenn es möglich ist, und ein kleines gerolltes Handtuch unter das Kinn legen, damit der Mund geschlossen bleibt,
- die Haare kämmen und das Gesicht eincremen,
- die Hände auf der Brust zusammenlegen oder falten,
- den Körper bis zur Taille mit einem Bettlaken bedecken,
- Blütenblätter auf den Körper oder um den Kopf verteilen und das Zimmer behaglich gestalten mit Kerzen und Blumen, einer Duftlampe und sanfter Musik.
- Dann wird es Zeit, die Trauergäste einzuladen, um Abschied zu nehmen am Totenbett.

Schmuck anlegen, einen Abschiedstisch gestalten, etwas in den Sarg legen

Wenn sich Angehörige an Verstorbene erinnern, dann ist es oft ein Bild dieser Person mit einem ganz bestimmten Kleid, einem Anzug oder einem Hut. Manchmal gehört auch ein Schmuckstück dazu. Das kann ein Ring, eine Brosche oder eine ganz bestimmte Halskette sein. Angehörige überlegen dann, ob sie dieses Schmuckstück aufbewahren, vielleicht selbst tragen oder ob sie es ihrer Ehefrau, Mutter oder Großmutter mit ins Grab geben. Das tröstet Angehörige, weil dieses Schmuckstück eben ganz zu der verstorbenen Person gehört. Sie selbst bewahren dieses letzte Bild in liebevoller und dankbarer Erinnerung.

Ein Abschiedstisch, der mit einem Foto, einer Kerze und Gegenständen an den Verstorbenen erinnert, ist eine Hilfe, um im Sterbezimmer zur inneren Ruhe zu kommen.

Ein besonderes Ritual wird auf der Palliativstation St. Johannes von Gott am Krankenhaus der Barmherzigen Brüder in München vollzogen. Als Zeichen dafür, dass ein Patient gestorben ist, wird sein Nachtkästchen (Nachtkastl) vor das Zimmer gestellt. Er braucht es ja nun nicht mehr. Es wird mit Blumen geschmückt, manchmal mit einem persönlichen Gegenstand des Verstorbenen und es brennt die ganze Zeit über immer eine Kerze oder ein Teelicht. Das Patientenbett wird einen ganzen Tag lang nicht belegt. Der klinische Rhythmus der Aufnahme ist unterbrochen, weil eines Verstorbenen gedacht wird. Der Tod wird nicht versteckt. Durch das „Nachtkastl“ vor der Patiententür wissen alle, dass in diesem Zimmer ein Mensch gestorben ist.

Etwas in den Sarg zu legen bedeutet, der verstorbenen Person etwas mitzugeben, sich von ihr aktiv zu verabschieden. Das kann ein letzter Gruß sein, ein Brief, ein Foto, ein gemaltes Bild oder ein Kuscheltier, das eine Enkelin ihrer geliebten Oma mit in den Sarg legt. Zwei Söhne, die ihren Vater durch Suizid verloren haben, gaben ihm ein gemaltes Bild und eine Zigarre mit. Vater durfte doch immer eine rauchen, wenn sein Fußballklub zu Hause gewonnen hatte. So lautete die Begründung des älteren Sohnes. Eine Geste des Abschieds und der Verbundenheit.

Musik hören, miteinander singen und musizieren

Bei der Hausaufbahrung von Frau C. erklangen im Hintergrund leise die Lieblingsmusikstücke der Verstorbenen (Vivaldi, keltische Musik, tibetische Gesänge). Familie und Freunde sangen meditative Taizé-Lieder, die sie so sehr mochte, und immer wieder stimmten sie Dietrich Bonhoeffers Lied „Von guten Mächten wunderbar geborgen“ an. Sie sangen dieses Lied als Hoffnung für die Verstorbene und zum Trost für die eigene Person.

Musik ist ein Ritualbaustein, der Menschen ergreift, tröstet, Emotionen löst und kanalisiert und einen tiefen Zugang zu der verstorbenen Person erschließt. Musik, die jemand hörte und mochte, löst lebendige Erinnerungen an die verstorbene Person aus.

Auch während der Trauerfeier ist die Musik ein wesentlicher Baustein, nicht nur ein beliebig austauschbares Gestaltungselement der Feier, das sich auf Titel klassischer Trauermusik beschränkt. Musik weckt Erinnerungen an gemeinsame Zeiten. Sie kann auch Abschiedsgruß und Dank sein der Enkel für ihre verstorbene Oma, für die sie bei der Trauerfeier musizierten.

Während der Trauerfeier für eine Dame, die viele Jahre als Edelprostituierte tätig war, wurde ein argentinischer Tango live musiziert und von Berufstänzern vor ihrem Sarg getanzt – gleichsam als letzter Tango. Doch nicht nur viele ihrer Kolleginnen und Freunde nahmen an dieser Trauerfeier teil, sondern auch viele der Ordensschwestern, die sie während ihrer Krankheit gepflegt hatten.

Musik kann helfen, sich zu öffnen und einander offen zu begegnen. Angehörige finden gerade dann auch über die Musik einen Zugang zu ihren Verstorbenen, weil sie Erinnerungen wachruft.

Blumenschmuck, Kerzen und Aromadüfte

Stirbt ein Mensch zu Hause, so wird das Sterbezimmer des Toten festlich geschmückt. Blumenblätter werden auf dem Bett des Verstorbenen verstreut, er/sie erhält vielleicht eine Rose in die Hand als Zeichen der Dankbarkeit und Liebe. Eine Duftlampe mit Lavendelöl wird angezündet.

Kerzen verströmen Wärme und Licht bis sie erlöschen. Kerzen werden dann auch zum Symbol dafür, dass ein Leben zu Ende geht. Allerheiligen oder zum Ewigkeitssonntag brennen viele Grablampen auf unseren Friedhöfen, Lichter in der Dunkelheit als Zeichen der Verbundenheit, des Abschieds und der stillen Erinnerung.

Abschied nehmen und der Verstorbenen gedenken

Der unmittelbare Abschied des Verstorbenen aus der häuslichen Umgebung, einem Hospiz, einem Krankenhaus oder einem Altenheim ist der letzte Schritt vor der Beerdigung. Dieser Abschied kann ganz unterschiedlich gestaltet werden.

Häuslicher Abschied in einem Schweizer Bergdorf

Noch heute werden Verstorbene in Bergdörfern im Kanton Graubünden in ihren Häusern auf Wunsch aufgebahrt, damit sich Nachbarn und die Gemeinschaft des Dorfes verabschieden können. Es bleibt dann genug Zeit, miteinander zu sprechen, zu schweigen und still Abschied zu nehmen. Die nächsten Angehörigen schrauben den Deckel des Sarges selbst zu und tragen den Sarg aus dem Haus. Mit einer Pferdekutsche wird der Sarg zum Friedhof gebracht und die Bewohner, die vor ihren Häusern stehen, schließen sich dem Zug zum Friedhof an. Das ist kein symbolisches Abschiednehmen, sondern ein reales, auch dann, wenn der Sohn die Urne seines Vaters selbst zum Grab trägt.

Abschied und Gedenken im Hospiz

In Hospizen werden Angehörige eingeladen, sich von ihren Verstorbenen zu verabschieden. Das kann in einer weltlichen Verabschiedung würdevoll und schlicht gestaltet werden mit einem Gedicht, Worten des Abschieds und des Dankes, einem Symbol oder einem Spruch. Dieser Abschied tut Angehörigen dann gut, wenn genau das ausgesprochen wird, was sie in diesem Moment des Abschieds bewegt.

Im Luise-Henrietten-Hospiz, einem ehemaligen Zisterzienserkloster in Brandenburg, wird eine Aussegnungsfeier gestaltet, in der der Pfarrer einen Segen für den Verstorbenen, die Angehörigen und Mitarbeiter spricht. Es werden Lieder gesungen und des Verstorbenen gedacht. Zur Begrüßung im Luise-Henrietten-Hospiz erhalten die Gäste eine Klappkarte und ein buntes Tuch. Dieses Tuch wird nun zerschnitten. Die eine Hälfte wird dem Verstorbenen mitgegeben, die andere wird unter den Hinterbliebenen aufgeteilt.

An jeder Zimmertür ist ein Stern angebracht mit dem Namen des Hospizgastes. Dieser Stern wird nun auch von der Zimmertür entfernt und an der Sternenwand befestigt, einer blauen Wand, vor der eine Kerze steht. Diese Sternenwand ist ein Ort des Gedenkens geworden. Angehörige stellen Blumen hin, markieren ihren Stern, um ihn wieder zu finden und zu trauern. An dieser Sternenwand erfolgt die Einladung zum Gedenkgottesdienst, bevor sich die Mitarbeiter von den Angehörigen verabschieden.

Wird ein Hospizgast nach Hause entlassen, werden ihm Brot, Salz und eine Kerze mitgegeben. Brot und Salz als Wegzehrung und die Kerze als ein Licht in dunklen Tagen.

Gedenken in der Lieblingskneipe der Verstorbenen

Zum offenen Abschiedsgedenken für Frau K. lud ein Verein in die Lieblingskneipe der Verstorbenen ein. Es wurden Bilder aus ihrem Leben an die Wand projiziert, Bilderalben ausgetauscht und ein Gedicht vorgelesen, das in ihrer Wohnung gefunden wurde.

„Wir haben viel über sie gesprochen“, so berichtet Frau P., „wir haben gelacht und geweint. Wir empfanden bereits an diesem Abend, dass sie uns ein großes Geschenk hinterlassen hat: viele neue Bekanntschaften und Freundschaften. Dann folgte ein intensiver Austausch über ihre Beisetzung. Da sie keiner Kirche angehörte und es kein festgelegtes Trauerritual gab, musste vieles bedacht werden, um ihren Wunsch zu erfüllen. Sie wollte verbrannt und ihre Asche sollte an einem bestimmten Ort verstreut werden. Die erste Trauerfeier mit Bestattung erfolgte im engen Freundes- und Familienkreis. Eine zweite Feier im großen Freundes- und Bekanntenkreis."

Die Trauerfeier gestalten

Der große Freundes- und Bekanntenkreis nahm von Frau K. mit einer Feier im Freien von ihr Abschied, indem sie gemeinsam am Fluss entlang wanderten zu einer Stelle, die die Freunde für sie ausgesucht hatten.

„Wir gestalteten eine Mitte", so erzählt Frau P. weiter, „mit allen mitgebrachten Dingen, zündeten Kerzen und Räucherstäbchen an und begannen mit Wunderkerzen im Kreis an Frau K. zu denken. Jeder wurde eingeladen, etwas über Frau K. zu sagen. Eine Frau legte dazu Glasmurmeln in die Mitte; jeder konnte sich eine als Andenken mitnehmen. Freunde und Bekannte erzählten, woher sie Frau K. kannten, was sie an ihr besonders mochten oder woran sie sich erinnerten. Wir sangen ein gemeinsames Lied. Ein Freund spielte auf dem Saxophon und wir bauten Schiffchen mit den Wünschen für Frau K.'s letzte Reise. Dazu nahmen wir ein Stück Holz, legten eine aus Serviette gefaltete Lotusblüte, ein angezündetes Teelicht ohne Alurand und eine Blume darauf und übergaben sie dem Fluss. Neben den Schiffchen schwammen viele Blumen und Blütenblätter im Wasser. Das ergab ein wunderschönes Bild."

Danach trafen sie sich in einer nahe gelegenen Kneipe, die Frau K. sehr gemocht hatte. Sie auf ihrem letzten Weg begleitet zu haben, tat allen gut. Es waren Tage, in denen sie alle wenig schliefen, aber Tage, die erfüllt waren von großer Energie und innerer Zufriedenheit. Später trafen sie sich nochmals in ihrer Wohnung, um all die Sachen aufzuteilen, die noch nicht verschenkt waren und ihre Familie nicht haben wollte. Zum Geburtstag von Frau K. wollen sich alle noch einmal treffen.

Eine Trauerfeier lebt von verschiedenen Elementen. Dazu gehört die Musik, die tatsächlich an die verstorbene Person erinnert. Symbole und Rituale sind noch Jahre danach in unserem Bildgedächtnis gespeichert, während das Gesagte schon lange vergessen ist. Die Person liebevoll zu zeichnen mit all ihren Licht- und Schattenseiten, sie ein wenig besser zu verstehen, was sie ins Leben gebracht hat und woran sie gescheitert ist, Trost zu spenden und auf Trost zu verzichten, wenn er nicht angebracht ist, all das sind wichtige Bausteine einer Trauerfeier. Eine Brücke zwischen Angehörigen und der verstorbenen Person zu errichten, die tragfähig ist und eines Tages wieder ins Leben zurückführt, bleibt eine Aufgabe, der sich Angehörige auf unterschiedliche Weise stellen.

Wenn ein geliebter Mensch gestorben ist, verändert sich das eigene Leben radikal. Die Zeit der Trauer hilft, innezuhalten, sie zwingt uns aber auch dazu, das eigene Leben noch einmal neu zu begreifen und sich Schritt für Schritt darauf einzulassen.

9 Trauer als Antwort auf Verluste

Wie kann ich sinnvoll trauern? Was macht eine gesunde Trauer aus? Wann wird mein Trauern pathologisch, sodass ich Hilfe brauche? Welche Orientierungen bieten Trauermodelle und welche Gefahren sind mit ihnen verbunden?

Du musst loslassen

> *„Trauer ist regelmäßig die Reaktion auf den Verlust einer geliebten Person …“* (Freud 2000 b, 197)

Nach einem Todesfall befördern Leid und Kummer das Bedürfnis nach Orientierung, Struktur und Halt, da so vieles zusammengebrochen und unsicher geworden ist und der Einzelne nicht weiß, wie es weitergehen kann.

> „ Mein Mann“, so erzählt Frau F., „starb nachts an den Folgen eines Hirntumors. Ich war eine Stunde zuvor nach Hause gefahren. Direkt nach dem Anruf aus dem Krankenhaus eilte ich dorthin zurück. Auf seinen Tod war ich vorbereitet, nicht aber darauf, wie ich nun fühlen, reagieren und handeln würde. So verweilte ich nur noch einen kurzen Augenblick neben ihm, nahm seine Sachen und saß dann längere Zeit vor dem Krankenhaus auf einer Bank.“

Mithilfe von Modellen der Trauer kann das Chaos gebannt werden, es verliert an Macht, da Trauermodelle:

- Gefühle der Trauer konkret benennen,
- Aufgaben beschreiben, die zu bewältigen sind,
- körperliche Symptome aufzählen,
- Wahrnehmungen, kognitive Muster und Trauerverhalten beschreiben.

Trauermodelle sind aber keine Handlungsanweisungen und sie setzen ganz unterschiedliche Schwerpunkte, sodass kein einzelnes Modell die individuelle Wahrheit über den Prozess des Sterbens oder Trauerns ganz erfasst.

Freud führt in seinem Aufsatz („Trauer und Melancholie", 2000) den Begriff „Trauerarbeit" ein, mit dem er einen psychischen Vorgang beschreibt, der aktiv dazu beiträgt, sich von der geliebten Person zu lösen. Trauer ist also nach Freud eine Reaktion auf den Verlust einer geliebten Person oder einer Idee, an der das eigene Herz hängt. Was also muss die Trauer nach Freud konkret leisten?

> *„Die Trauer", so stellt er fest, „hat eine ganz bestimmte psychische Aufgabe zu erledigen, sie soll die Erinnerungen und Erwartungen von den Toten ablösen."* (Freud 2000 a, 356)

Dieses Ablösen der Liebe von der verstorbenen Person ist für Freud freilich ein „langwieriger, allmählich fortschreitender Prozeß". (Freud 2000 b, 209) Wo dieser Prozess der Loslösung nicht gelingt, spricht er von Melancholie, von depressiven Zuständen, die sich darin äußern, die geliebte Person nicht loslassen zu können. In der Begleitung von Trauernden wirkte seine Aufforderung, die Erinnerungen von den Verstorbenen abzulösen, noch lange Zeit nach. Bis zum heutigen Tag hören Trauernde noch immer den Ratschlag: Hör doch auf zu trauern – lass los! Dieser Satz spiegelt den Wunsch wider, dass es dem Trauernden gut gehen möge, aber er verletzt, macht wütend, weil er ein Ratschlag ist, der zwar den Rat gebenden vor eigener Ohnmacht und Hilflosigkeit schützt, nicht aber den Trauernden ernst nimmt und bereit ist, sich wirklich auf ihn einzulassen.

> „Schon zu Lebzeiten", so stellt eine Trauernde fest, „werden Menschen, die uns wichtig sind, ein Teil von uns. Für viele ist das ein Gefühl, dass man den geliebten Menschen tief in seinem Herzen besitzt. Durch Gedankenkraft kann man seine Liebe und Wärme zu jeder Zeit spüren, obwohl er nicht anwesend ist. In Situationen der Not kann man ihn als ‚inneren Helfer' nutzen und sich daran erinnern, was er jetzt genau in diesem Moment sagen würde. Dies ist alles schon zu Lebzeiten so, warum soll es nicht auch nach dem Tod des geliebten Menschen möglich sein, ihn als inneren Lebensbegleiter immer bei sich zu haben. Denn er ist tief in uns drin, er ist ein Teil von uns, zwar von außen unsichtbar, aber er ist da."

Doch auch andere Ratschläge musste sie sich immer und immer wieder anhören:

- Liebe hat auch etwas mit Loslassen zu tun!
- Wenn Du ihn nicht loslässt, kann seine Seele nicht gehen!
- Denkst Du vielleicht, dass er es gewollt hätte, dass Du jetzt so traurig herumhängst?
- Das ist doch jetzt schon über ein Jahr her, Du musst dich damit abfinden, das ist die Vergangenheit, die ist vorbei.

Doch im Inneren wusste sie immer, dass Trauer und das Abschiednehmen von einem geliebten Menschen individuelle Prozesse sind und es niemandem zusteht, über einen Menschen von außen zu urteilen oder ihn mit Ratschlägen zuzudecken. So wurde das Wort „Loslassen" für sie zu einem richtigen Hasswort.

> „Ich konnte es nicht mehr ertragen, denn schließlich muss man differenzieren, was man loslassen muss. Ich muss los-

lassen, dass man sich nie wieder sieht, sich nie mehr körperlich spürt, dass kein Anruf mehr kommt, aber das Bedürfnis, weiterhin mit diesem geliebten Menschenkind in Kontakt zu bleiben, ist lebendig. Denn in der Trauer kehrt die Liebe zurück, hier ist zu sehen, welche wichtige Bedeutung die geliebte Person im eigenen Leben hatte. Die Beziehung wie sie war, kann nicht weitergelebt werden, aber ich kann sie umwandeln in eine innere Beziehung."

Was ich als Trauernder wirklich loslassen muss, ist die verstorbene Person, die reale Beziehung, aber die Erinnerung, was sie in mir bewirkt und in mir belebt hat, wird so lange lebendig bleiben, wie sie einen Platz in meinem Leben behält. Dieser Platz wird sich wandeln, aber je stärker die Liebe und die Bindung in mir lebendig bleiben, desto stärker werden sie in mir wirken.

Lebe deine Gefühle

„An der Emotion der Trauer … können wir ‚gesunden', denn sie bewirkt Wandlung." (Kast 1993, 164)

Das Phasenmodell nach Verena Kast

Seit den 60er Jahren des vorigen Jahrhunderts charakterisierten einzelne Modelle Phasen und Reaktionsmuster im Sterbe- und Trauerprozess. Dieser Aufgabe hat sich auch die Schweizer Psychotherapeutin Verena Kast (1993) unterzogen, um im Trauern Phasen und Chancen des psychischen Prozesses auszuloten. Sie machte aber auch auf Faktoren aufmerksam, die diesen Prozess verzögern oder gar blockieren.

Phase des Nicht-wahrhaben-Wollens

In der ersten Zeit nach dem Eintritt des Todes ist alles so unwirklich, sodass sich ein Gefühl einstellen kann, bloß zu träumen. Es fällt schwer, zwischen Traum und Realität zu unterscheiden.

Dieses Schockerlebnis erreicht Trauernde nicht in der Tiefe. Der Schmerz ist abgespalten, sie fühlen sich wie versteinert, dadurch aber auch wie geschützt. Trauernde sind oft erstarrt und bemüht, damit sie bis zur Beerdigung funktionieren und nicht zusammenbrechen. Das ist nicht nur der mühsame Versuch, Trauer zu verdrängen, sondern eben auch ein Schutz vor intensiven Gefühlen, um nicht von ihnen überschwemmt und fortgerissen zu werden. Was Trauernden in dieser Phase gut tut, ist, auf sie zuzugehen, da zu sein und zu fragen, was sie benötigen, ob sie erzählen möchten, Zeit für sich brauchen oder dankbar sind für praktische Hilfen. Entscheidend aber bleibt immer die Zustimmung der Trauernden.

> Eine Witwe erzählte, dass sie dankbar das Angebot ihrer Freunde annahm, die ersten Wochen nach dem Tod ihres Mannes bei ihnen zu wohnen. Sie hörte Schritte und Stimmen, die ihr vertraut waren. Das tat ihr gut, doch sie fügte hinzu, dass die Freunde immer mit ihr über den Tod sprechen wollten, was ihr aber schwerfiel.

Wenn Trauernde in der Phase des „Nicht-wahrhaben-Wollens" stecken bleiben, kommt der Prozess des Trauerns nicht in Gang. Dafür gibt es unterschiedliche Motive und Beweggründe. Menschen leben gleichsam so weiter, als ob sich nichts geändert hätte. Alles bleibt so, wie es immer war. Sie flüchten sich in Arbeit oder Geschäftigkeit und wirken nach außen tapfer, selbstbewusst und stolz.

Andere wiederum ändern ihr Leben radikal und brechen die Brücken zu ihrer Vergangenheit ab. Sie beziehen eine neue Wohnung, wechseln die Arbeitsstelle und den Freundeskreis, so als ob die Vergangenheit nie existiert hätte. In beiden Fällen kann der gesunde Prozess des Trauerns nicht gelebt werden. Beide Versuche sind erste Hinweise und Anzeichen, dass hier ein komplizierter Trauerweg bevorsteht.

Phase der aufbrechenden Emotionen

Wenn sich nach dem ersten Schock die Erstarrung löst, brechen oft heftige Emotionen aus. Dieses Emotions-Chaos zuzulassen, es aktiv zu leben, hilft aber letztlich, neuen Erlebens- und Verhaltensmustern den Weg zu bahnen. Es löst freilich aber auch Ängste aus. Dieses Chaos wird gerade dadurch befördert, dass unterschiedliche Gefühle aufeinanderprallen, Gefühle von Trauer, Wut, Zorn, Schuld, Hass, Freude und Dankbarkeit. Durch die Emotion der Trauer nehmen wir Abschied. Das ist aber oft nur eine schwer auszuhaltende Zeit.

> Vorsichtig fragte ein Witwer, ob das alles noch normal sei. Die Gefühle seien so heftig, er sei niedergeschlagen, zu Tode betrübt und kraftlos. Manchmal wünsche er sich, bald bei seiner Frau zu sein. Zudem habe er ihr Gesicht auf der Straße gesehen und ihre Stimme am Grab gehört. Er frage sich schon manchmal, ob er nicht reif für die Psychiatrie sei.

Die Angst verrückt zu werden, in einem Gefühlschaos gefangen zu sein, gehört in den ersten Monaten zur normalen Trauer dazu. Die eigene Welt ist ja auch tatsächlich ver-rückt, aus den Angeln gehoben. Aufklärung, dass das normal ist, löst bei Angehörigen tiefe Erleichterung aus, auch wenn sich das Gefühlschaos erst nach und nach lichtet. Allein im Erzählen, Schreiben, Malen oder Bewegen werden Gefühle bewusst und schwächen sich nach und nach ab. Auch Tränen besitzen eine befreiende Wirkung. Mit ihnen fließt die Traurigkeit aus Körper und Seele heraus.

Schwer zuzulassen ist das Gefühl der eigenen Ohnmacht. Um ihr zu entkommen, richten Trauernde auch ihren Zorn gegen

Ärzte und Pflegekräfte, um einen Schuldigen auszumachen und eine Erklärung für den Tod ihres Angehörigen zu finden. Schuldgefühle lassen sich nicht einfach mit rationalen Argumenten aus der Welt schaffen, sie halten eine Verbindung zwischen Trauerndem und Verstorbenem aufrecht und liefern eine scheinbar rationale Erklärung. Der Weg, darin einzustimmen, wie brüchig und fragil das Leben ist, und die eigene Ohnmacht zu akzeptieren, ist oft lang und schmerzvoll.

Nicht immer fällt es leicht, unterschiedliche Gefühle zu leben und zuzulassen. Die gemeinsame Wegstrecke mit verstorbenen Familienangehörigen wird immer und immer wieder in allen Einzelheiten erzählt. Sie ist ein Schatz, der bewahrt wird. Die negativen Gefühle von Wut und Enttäuschung in einer Beziehung werden hingegen weniger angesprochen, meist erst im Laufe der Zeit. Verstorbene werden idealisiert und über Tote sagt man nichts Schlechtes. Wo diese negativen Gefühle und Erfahrungen aber verdrängt oder überhaupt nicht zugelassen werden, kommt die Trauer ins Stocken und erstarrt.

Phase des Suchens und Sich-Trennens

In dieser Phase verstärkt sich der Wunsch, sich mit der verstorbenen Person auseinanderzusetzen, das Leben mit dem Verstorbenen ins neue Leben zu integrieren. Aufgaben, für die der Partner verantwortlich war, werden übernommen, und der Trauernde versucht, diese Aufgaben nach den eigenen Möglichkeiten auszufüllen.

Diese Suchbewegung ist mit realen Orten verbunden, die der Trauernde aufsucht, um sich an seinen Verstorbenen zu erinnern. Sie findet aber auch im Zwiegespräch statt, um zu begreifen, was der Verstorbene im eigenen Leben bewirkt hat, was bleibt, aber eben auch, wovon Abschied zu nehmen ist. So geht es darum, allmählich eine neue Balance zu finden. Das Suchen und Trennen zwingt zu neuer Positionierung, die eigenen Rollenmuster zu erweitern und Aufgaben zu übernehmen, die der Partner gelebt hat.

Eine Witwe berichtete, dass ihr Mann für den Umzug in die Stadt, wo ihr Sohn lebte, alles vorbereitet hatte. Doch bevor der Umzug stattfand, ist er gestorben. Nach einem Jahr im neuen Heim berichtet sie von ihren Erfahrungen. „Ich habe die Pflege der Blumen und Pflanzen übernommen, für die mein Mann verantwortlich war. Anderes habe ich an meinen Sohn delegiert, der nun die Gardinen aufhängt. Das Einkaufen haben wir immer zusammen erledigt. Das vollziehe ich nun allein. Aber plötzlich schießen Erinnerungen hoch, was er wohl jetzt wieder moniert hätte, weil es im Einkaufswagen liegt. Wenn ein Werbespot im Fernsehen ausgestrahlt wird, weiß ich genau, was er jetzt wieder sagen würde. Dann bin ich sehr traurig und weine. Doch ab und an lade ich meine Wohnungsnachbarin zum Kaffeetrinken ein. Das tut gut." Auf die Frage, ob sie nicht auch stolz sei, was sie alles bewältigt habe, kommt ihre Antwort zögerlich. Stolz sei sie wirklich, aber ihr Mann fehle ihr doch sehr.

Wie kann es mir in diesem Prozess gelingen, eine Verbindung zu meinem verstorbenen Partner aufrechtzuerhalten, sie so zu verändern, dass sie nicht mehr nur schmerzt, sondern auf Dauer einen positiven Einfluss auf mein Leben erhält?

Ich beginne loszulassen, indem ich die Geschichten meiner Beziehung zwar immer wieder aufs Neue erzähle, aber bereits im Erzählen verändern sie sich, da ich sie in meine neuen Lebensbezüge einordne. Da stellt sich vielleicht ein wehmütiger Blick zurück ein, aber auch einer, der dazu verhilft, zu begreifen, was ich jetzt anders lebe, oder einer, der mich tröstet, weil die Beziehung auch jetzt noch in mir lebendig nachwirkt. Wenn das gelingt, bin ich dem neuen Leben einen Schritt entgegengegangen. Wo ich hingegen das alte Leben konserviere und keine inneren und äußeren Veränderungen zulasse, findet gelebte Trauer um den Verlust nicht statt.

Phase des neuen Selbst- und Weltbezugs

Am Ende des Trauerprozesses kann der Verstorbene zum „inneren Begleiter“ (Kast 1993, 72) werden und bleibt in die eigene Lebensgeschichte integriert. Der Trauernde lässt sich auf neue Rollenmuster ein, versucht am Leben wieder aktiv teilzuhaben und sich allmählich neuen Beziehungen zu öffnen.

> Auch ein Traum kann ermutigen, sich auf die neue Wegstrecke einzulassen. Eine Witwe, deren Mann vor drei Jahren gestorben war, träumte am Tage ihres Geburtstages, dass ihr Mann ihr mit einem Blumenstrauß gratulierte. An seiner Seite entdeckte sie eine Frau, was sie doch sehr beunruhigte. Diese Szene war im oberen rechten Quadranten. Sie selbst stand im linken unteren Quadranten dieses Traumbildes. Zwischen beiden Szenen spannte sich eine Brücke, die in sich zusammengebrochen war.
>
> Dieses Bild vermittelte ihr anschaulich, dass die reale Beziehung nicht mehr zu leben war, und sie beschloss daraufhin, Reisen zu unternehmen, Sprachkenntnisse wieder aufzufrischen und sich der Seite des Lebens zuzuwenden, die sie mit Freude erfüllt.

Der Mut, Krisen- und Verlustsituationen Schritt für Schritt zu überwinden, stärkt das Selbstvertrauen und die Selbstachtung in die eigene Person. Die einzelnen Phasen verdeutlichen, dass Trauer eben ein Prozess ist. In ihm gelingt es:

- sich aus der Erstarrung zu lösen und
- sich wieder von Emotionen erfassen zu lassen,
- sich zu besinnen, was verloren gegangen ist, was unwiederbringlich verloren bleibt und auf das, was im eigenen Leben weiterhin Bestand haben soll,
- um mit neuen Lebens- und Verhaltensmöglichkeiten, die nicht mehr die alten sind, die Beziehungen zur Welt neu zu gestalten.

Die einzelnen Phasen jedoch statisch zu verstehen oder gar mit konkreten Zeitvorgaben zu befrachten, löst heftige Irritationen aus.

> Eine Trauerbegleiterin berichtete, wie sie in einer Trauergruppe ein Phasenmodell vorstellte, um ein tieferes Verständnis für die Abläufe der Trauer zu befördern. Prompt wurden die Fragen gestellt: Müsste ich nicht schon in der nächsten Phase sein? Trauere ich überhaupt richtig? Wie viel Zeit steht mir zur Verfügung?

Auf diese Fragen kann es keine allgemein gültigen Antworten geben, sondern jeder Trauernde muss selbst herausfinden, was er bisher gelebt hat, wo er im Moment steht und was sein nächster Schritt sein könnte. Wenn die einzelnen Phasen als dynamische Abläufe verstanden werden, wird die individuelle Auseinandersetzung produktiv und der eigene Trauerweg kann bewusster beschritten werden.

Werde aktiv und handle

Eine Person, die ihr Leben aktiv bestreitet und ihre Ziele konsequent verwirklicht, zeichnet sich durch ein gesundes Selbstwertgefühl aus und durch die Fähigkeit, das eigene Leben bewusst zu gestalten. Trifft das auch für Trauernde zu, Trauer aktiv zu leben, um sich dem Fluss des Lebens wieder anzuvertrauen?

William Worden (1986, 2011) bejaht diese Frage in seinem Buch „Beratung und Therapie in Trauerfällen“ eindeutig. Nach einem Verlust müssen verschiedene Aufgaben bewältigt werden, damit eine Hinwendung in ein verändertes Leben Schritt für Schritt gelingt.

> „Mit dem Tod meines Mannes habe ich schmerzlich gespürt, dass ich amputiert, nur noch ein halber Mensch bin.

> Ich musste es lernen, neue Rollen zu übernehmen, mich neu zu begreifen ohne meinen Mann und musste erfahren, dass mich auch die Umwelt anders sieht. Als ich in einen Kreis von Ehepaaren zurückkehren wollte, musste ich hören: ‚Am besten Du suchst Dir einen anderen Kreis, denn Du gehörst ja nicht mehr zu uns.'"

Durch den Verlust der geliebten Person wird Trauernden eine Anpassung an die neue Situation abverlangt, denn das alte Leben kann nicht wie früher fortgesetzt werden. Um diese Anpassung zu vollziehen, muss der Trauernde Aufgaben bewältigen. Gelingt dies nicht vollständig, so bleibt die „Trauerarbeit Stückwerk" (Worden 1986, 18) und die Anpassung an die neue Lebenswirklichkeit gelingt nur unvollkommen.

Die vier Traueraufgaben nach William Worden

Die *erste Aufgabe* für Trauernde besteht nach Worden darin, den Verlust als Realität anzuerkennen. Mein Angehöriger ist wirklich tot. Indem ich den toten Körper berühre, begreife ich, dass er wirklich kalt ist, nicht mehr lebt.

> Frau A., die ihren Mann durch Suizid verloren hat, betont, wie gut es ihr tat, beim Bestatter noch einmal seine Hände zu ergreifen, sich von ihm verabschieden zu können.

Wenn ich mich dieser Aufgabe nicht stelle, indem ich den Verlust, seine Bedeutung oder dessen Endgültigkeit leugne, wird die erste Aufgabe im Prozess der Trauer nicht bewältigt. Dass die eigene Aktivität bereits in der Begleitung sterbender Angehöriger hilft, Trauer zu leben und den Tod zu begreifen, zeigt das Beispiel von Frau G., die ihren Mann im Sterben und bis zur Beerdigung intensiv begleitete.

„Gemeinsam haben wir Uli gewaschen und angezogen. Wir überlegten, was er am liebsten angezogen hat. Und so bekam er sein Lieblingshemd und eine bequeme Jogginghose. Dann betteten wir ihn würdig in unserem Wohnzimmer auf den Boden. Mittlerweile hatte Uli Rosen in den Händen und im Raum brannten Kerzen und Teelichter. So saßen wir um Uli herum, erzählten, weinten und sahen uns sein Bild an, das er vom „Jenseits" gemalt hatte.
Dann kam die Nacht, von der ich nicht wusste, wie es sein würde, nebenan zu schlafen. Ich ging zu Bett und kaum, dass ich darin lag, stand ich nochmals auf, um die Tür zum Wohnzimmer wieder zu öffnen. Schlafen konnte ich in dieser Nacht natürlich nicht, aber es war keineswegs beängstigend mit dem toten Uli unmittelbar nebenan.
Am Samstagnachmittag kam dann das Bestattungsinstitut. Der Sarg wurde ins Wohnzimmer gestellt und wir betteten Uli sehr behutsam hinein und legten ihm seine Rosen wieder in die Hände. Schließlich schlossen wir gemeinsam den Sarg und Uli wurde, von uns begleitet, aus dem Haus ins Auto getragen. Dann war unsere Nachbarin zur Stelle. Wir nahmen uns in die Arme und das Auto fuhr langsam davon."

Die *zweite Aufgabe* ermutigt, den tiefen Schmerz, den Trauernde erleben, zu verarbeiten. Wo die Trauer gelebt wird, komme ich durch sie hindurch, wo sie unterdrückt oder nicht zugelassen wird, verlängert sich der Prozess der Trauer. Ob Trauer gesund gelebt wird, hängt also wesentlich davon ab, ob sie sich im Laufe der Zeit verändert, ihre Stärke abnimmt.

Tab. 2: Formen normaler Trauer (nach Worden 1986/2011)

Emotionen	Körperliche Empfindungen	Wahrnehmungen	Spezielle Verhaltensweisen
Traurigkeit: als Weinverhalten	Leeregefühl im Magen	Gedanken: negative Gedankenmuster, die Angst und depressives Empfinden verstärken	Schlafstörungen: Ein- und Durchschlafstörungen, morgendliches Erwachen; Angst vor Träumen
Zorn: richtet sich auf andere oder die eigene Person	Brustbeklemmungen	Unglaube, Nichtwahrhabenwollen: als erste Reaktion auf die Todesnachricht	Appetitstörungen: zuwenig oder zuviel zu essen mit gravierenden Gewichtsveränderungen
Schuld und Selbstbeschuldigung: häufig irrational, um eine Erklärung zu finden	Zugeschnürtsein der Kehle	Verwirrung: als konfuses Denken	Geistesabwesendes Verhalten
Angst: mit dem Verlust nicht richtig fertig zu werden; Angst vor dem eigenen Sterben	Überempfindlichkeit gegen Lärm	Intensives Beschäftigen mit dem Toten, ihn zu verinnerlichen; zwanghaftes Grübeln, ihn zurück zu gewinnen	Sozialer Rückzug: von Personen und erheblicher Interessenverlust an der Außenwelt
Verlassenheit, besonders beim Tod des Ehe- oder Lebenspartners; Müdigkeit als Form der Teilnahmslosigkeit	Entfremdungserleben gegenüber der eigenen Person, stehe neben mir, komme mir fremd vor	Wahrnehmung des Verstorbenen in Raum und Zeit, besonders kurz nach einem Todesfall	Träumen von der verstorbenen Person als Hilfe für den eigenen Trauerprozess, aber auch Albträume
Hilflosigkeit: besonders stark ausgeprägt in der ersten Zeit nach einem Verlust	Atemlosigkeit	Optische und akustische Halluzinationen: die verstorbene Person sehen und hören	Kurzfristiges Meiden von Erinnerungen: Fotos, Erinnerungsstücke
Schock: besonders massiv bei plötzlichen und unerwarteten Todesfällen	Muskelschwäche		Suchen und Rufen nach der verstorbenen Person
Sehnsucht: als sich Verzehren nach der verstorbenen Person	Energiemangel		Seufzen: in Verbindung mit dem Gefühl der Atemlosigkeit
Erleichterung: als Zustimmung, dass der Sterbende endlich erlöst ist; Befreiung: dass Angehörige von einem Tyrannen befreit sind und ein neues Leben beginnen	Mundtrockenheit		Rastlose Überaktivität, um zu funktionieren und nicht zusammenzubrechen
Betäubung, Abgestumpftheit: Ausbleiben von Gefühlen, auch als Schutz, um nicht überwältigt zu werden			Aufsuchen von Orten, Beisichtragen von Gegenständen, um die Erinnerung zu bewahren

Diese vielfältigen Formen der Trauer prägen das Erscheinungsbild der normalen Trauer. Erst wenn einzelne Faktoren massiv auftreten, lang anhalten und die Trauer sich nicht verändert, ist zu fragen, ob die Trauer sich in Richtung einer komplizierten Trauer verfestigt.

Dabei sind viele Faktoren zu beachten, um zu verstehen, warum Trauernde ganz individuell ihren Weg gehen und warum die Traueraufgaben unterschiedlich angegangen werden und für den Einzelnen eine besondere Herausforderung bedeuten. Worden weist auf die Faktoren hin, die einen bestimmenden Einfluss darauf ausüben. Der individuelle Trauerprozess ist wesentlich davon abhängig, wie die Antworten auf die folgenden Fragen ausfallen:

- Wer ist gestorben?
- Wie war die Bindung und wie ist die Person gestorben?
- Wie haben Betroffene bisher getrauert und wie sind sie früher mit Verlust- und Krisensituationen umgegangen?
- Welche soziale Unterstützung steht Trauernden zur Verfügung? Welche sozialen Rollen werden gelebt und inwiefern vermitteln diese Halt?

Die *dritte Aufgabe* verlangt von Hinterbliebenen, sich den Anforderungen des Lebens zu stellen ohne die verstorbene Person. Die Fragen, welche Aufgaben zu lösen sind und wie die weitere praktische Lebensgestaltung zu bewältigen sein wird, fordern neue Antworten. Der Tod tritt nach einem Vierteljahr stärker ins Bewusstsein, er wird mehr und mehr zur unabänderlichen Tatsache. Die äußere Anpassung an die Lebenswirklichkeit ist begleitet von der eigenen Selbstfindung und der Fähigkeit, meine Kompetenzen neu zu bestimmen. Die bedrängende Frage lautet: ‚Wer bin ich jetzt, wo ich ohne Partner dastehe? Was macht noch Sinn, wenn ich doch allein keine rechte Freude finde?‘

„Einiges", so erzählt Frau A., „vollziehe ich im Sinne meines Lebenspartners. Das hilft mir. So spiele ich weiter Tennis und gehe schwimmen. Ein Jahr nach seinem Tod werde ich mit einer Freundin den Himalaja bis auf 5000 Meter erwandern. Er war immer sportlich aktiv und ermutigte mich dazu. Aber er fehlt mir noch immer sehr. So zünde ich am Morgen vor seinem Bild eine Kerze an, um meine Einsamkeit nicht so sehr zu spüren. Das, wofür er praktisch gesorgt hat, muss ich mir nun auch mühsam aneignen. Das beginnt mit einfachen Tätigkeiten wie dem Wechseln einer Patrone in unserem Kopierer. Trauer verläuft eben nicht geradlinig, aber meine Aktivitäten helfen mir, diese schwere Zeit durchzustehen."

Für Trauernde ist es erforderlich, ihren Alltag neu zu gestalten. Sie erfahren sich als Person verändert, erfahren das eigene Selbstbild als fremd und erschüttert und müssen dennoch Schritte ins Leben vollziehen.

Die *vierte Aufgabe* schließlich bewahrt die Verbindung zur verstorbenen Person mitten im Aufbruch in ein neues Leben. Es geht also nicht mehr darum, die Verstorbenen loszulassen, sondern die Beziehungen zu verinnerlichen. Ein Mensch, der mein Leben bereicherte und erfüllte, darf in meiner Lebensgeschichte einen dauerhaften Platz einnehmen. Dieser Platz wird sich zwar verändern, aber die verstorbene Person wird zum inneren Begleiter, ohne dass sie mich daran hindert, neue Beziehungen einzugehen. Wenn ich dieser vierten Aufgabe nicht gerecht werde, so stehe ich in der Gefahr, mich dem Leben zu verweigern oder die einst gelebte Beziehung loszulassen. Erst wenn beide Aspekte gelebt werden, einerseits die Verbindung zur verstorbenen Person, andererseits die Bereitschaft mich dem Leben neu zu öffnen, wird der Einzelne in einem gesunden Gleichgewicht leben.

Fortgesetzte Bindungen – Teilhabe am Leben

Die Vorstellung der fortgesetzten Bindungen, wie sie am Ausgang des 20. Jahrhunderts von Klass, Silvermann und Nickmann (2001) formuliert wurde, hat die Trauerforschung um einen wesentlichen Aspekt erweitert. Nicht der Abschluss der Trauer als Ziel des Trauerprozesses steht nunmehr im Mittelpunkt, sondern die Fähigkeit, die Verstorbenen in das eigene Leben zu integrieren. Der Trauernde muss lernen, die Abwesenheit des geliebten Menschen im Äußeren zu realisieren und im Inneren eine neue Beziehung zu ihm zu finden.

Trauer äußert sich dann nicht nur als ein Prozess der Ablösung von der verstorbenen Person, sondern als ein Aushandlungsprozess, in dem die verstorbene Person einen Platz im eigenen Leben behält, der immer wieder aufs Neue bestimmt wird. Dieser Platz ist abhängig von der gelebten Bindung, die sich freilich nach dem Tod wandelt. Der Trauernde muss sich von einzelnen Anteilen der Beziehung tatsächlich lösen, aber andere Anteile begleiten seinen weiteren Lebensweg. Trauernde bilden in sich eine innere Vorstellung von der verstorbenen Person aus. Diese vermittelt im weiteren Leben Halt und Orientierung. Für viele Trauernde ist es geradezu befreiend, wenn diese Verbindung als normal angesehen wird, die geistige Präsenz des Verstorbenen und das In-Verbindung-Bleiben als stützend anerkannt werden.

Ist der Tod endgültig, so ist der Prozess der Trauer ein dynamischer. Die innere Bindung zur verstorbenen Person wandelt sich zwar im Laufe des Lebens, aber die Stärke der fortdauernden Bindung ist Ausdruck der erfahrenen Liebe.

Frau Z. fasst ihre Erfahrungen, Bindungen zu bewahren und neue einzugehen dahingehend zusammen: „Manchmal denke ich: Ich habe zwei Männer! R., meinen verstorbenen Mann, an einem Ort, wo die Toten sind, und meinen Lebenspartner L.-O., hier im Leben an meiner Seite. Beide lieben mich und ich liebe sie. Um es auf die Spitze zu treiben, könnte ich sagen: Welch ein Privileg! Natürlich liebe ich meine zwei Männer auf unterschiedliche Art. Aber schließlich machen mich diese beiden geglückten Beziehungen zu einer reichen Frau!"

Der Tod beendet zwar das Leben. Wo aber die innere Bindung und Beziehung zu unseren Verstorbenen im Leben bewahrt wird, kann sie Mut machen, sich dem Leben verändert zuzuwenden.

Biografie der Freude als Ressourcenarbeit

Die Biografie der Freude hilft, mir meiner eigenen Ressourcen bewusst zu werden. Das tut auch dann gut, wenn mich die Trauer um einen geliebten Menschen umtreibt, denn die Biografie meiner Freude verdeutlicht mir anschaulich, wo ich mich wohl gefühlt, was mich erfüllt und was ich selbst aktiv gestaltet habe. Die folgende Imaginationsübung besteht aus zwei Einheiten. Im ersten Teil stellen Sie sich Ihren Ort der Freude bildlich vor, um ihn anschließend zu malen. Das geht am besten, wenn Sie sich die folgende Anleitung vorlesen lassen, nachdem Sie sich ein Blatt Papier, Farbkasten oder Wachsstifte bereitgelegt haben.

Anleitung zur Biografie der Freude (Teil I)

Setzen Sie sich so hin, dass beide Füße flach auf dem Boden stehen. Atmen Sie ein paar Mal tief ein und aus. Sie sind jetzt ganz bei sich. Lassen Sie sich durch Geräusche, die von außen auf Sie einströmen, nicht beeinflussen. Wenn Sie wollen, so schließen Sie nun Ihre Augen.

Stellen Sie sich jetzt einen Ort vor, wo Sie sich ganz wohl und behaglich fühlen. Es kann ein Ort sein, an dem Sie sich (mit Ihrer verstorbenen Person) ganz geborgen gefühlt haben oder einer, an den Sie selbst immer und immer wieder zurückkehren oder einer, nach dem Sie sich sehnen. Sie fühlen sich dort ganz wohl und behaglich. Warten Sie solange, bis Sie ein Bild genau wahrnehmen.

Achten Sie jetzt einmal ganz bewusst darauf, ob Ihr Bild eine Stimmung am Morgen, zu Mittag oder am Abend wiedergibt.

Dann achten Sie einmal darauf, welche Jahreszeit Sie auf Ihrem Bild wahrnehmen. Ist es eher Frühling, Sommer, Herbst oder Winter?

Nehmen Sie jetzt einmal die Stimmen und Geräusche wahr, die Ihnen gut tun. Es kann eine Stimme sein, die Ihnen angenehm und vertraut ist, das Rauschen des Waldes oder des Meeres, das Zwitschern der Vögel oder Musik, die Sie tief erfüllt.

Achten Sie jetzt einmal auf Düfte und Gerüche, die mit Ihrem Ort der Geborgenheit eng verbunden sind. Es kann der Duft von frischem Heu sein oder der Salzgeruch des Meeres, der Duft eines Rasierwassers, eines Parfüms oder auch der Duft von Bohnerwachs. Sie fühlen sich dabei ganz wohl und behaglich.

Achten Sie nun einmal auf die Farben, die Ihnen gut tun, sodass Sie sich an diesem Ort wohl und behaglich fühlen.

Achten Sie einmal auf all die kleinen Dinge, die Ihnen Geborgenheit vermitteln und Ihren Ort der Freude und Geborgenheit prägen. Nehmen Sie dieses Bild noch einmal ganz tief in sich auf, genießen es, öffnen dann langsam Ihre Augen und beginnen dann, es zu malen.

Abb. 10: Biografie der Freude (Bild: Dorothee Oesemann)

Frau D. erinnert sich bei dieser Imagination an ihren Vater, der einige Jahre zuvor an einem Hirntumor starb. Beim Betrachten ihres Bildes spürt sie tiefe Dankbarkeit und Geborgenheit, aber auch Tränen laufen ihr übers Gesicht. Die Familie wusste, dass seine Lebenszeit begrenzt war. Da ihr Vater immer einen großen Garten bewirtschaftete, wollte sie ihm diesen für den Fall erhalten, dass er noch einmal aus dem Krankenhaus entlassen wird. Als die übergroßen roten Tulpen im Frühling erblühten, brachte sie diese ihrem Vater ins Krankenhaus, sodass sie ihn in seiner schwersten Zeit begleiteten.

„Seit dem Tod meines Vaters", so erzählt sie, „kümmere ich mich mit meinem Mann um den Garten. Diese Blumen führen mich immer wieder an den Ort meiner Freude. Sie erinnern mich an die Geborgenheit, die ich bei meinem Vater erlebt habe. Wie die Tulpenzwiebel in der Erde geborgen ist und Wurzeln schlägt, um immer wieder zu blühen, so sicher habe ich mich als Kind auf dem Schoß meines Vaters gefühlt – am Sonntagmorgen im Gottesdienst. Dort konnte ich meine Wurzeln schlagen. Es hat mich tief bewegt, dieses Bild plötzlich vor mir zu sehen. Ich hatte es schon lange in mir getragen. Obwohl da noch immer Schmerz ist, empfinde ich eine tiefe Freude und Dankbarkeit, dass ich diesen Ort habe und noch heute den Frieden spüre, der davon ausgeht."

Anleitung zur Biografie der Freude (Teil II)

Der zweite Teil ergänzt den ersten in der Weise, als Sie sich notieren, was Ihnen bis zur Schuleinführung, dann bis zum Schul-, Lehr- oder Studienabschluss und in jedem weiteren Lebensjahrzehnt Freude bereitete. Erinnern Sie sich an Ihr liebstes Spielzeug, an Streiche, Personen und Landschaften, Feste und Feiern, liebgewordene Gewohnheiten und Tätigkeiten, Erfolge und Hobbys.

Im Moment der Trauer, wo ich einen nahen Angehörigen verloren habe, ist mir diese Blickrichtung zwar fremd, aber für einen winzigen Augenblick nehme ich wahr, was an Lebensfreude mein Leben prägte, mich mit dieser Person in besonderer Weise verbunden hat und was ich darüber hinaus an Freude erfahren habe. Ich begreife, was alles zu meinem Leben gehörte und ahne vielleicht, was eines Tages mein Leben wieder erfüllen wird und zu meiner Person gehört.

Loslassen und Festhalten

Muss ich als Trauernder meinen verstorbenen Angehörigen loslassen oder bleibt die Bindung zu ihm bestehen? Diese Frage ist in der Weise beantwortet, dass ich im Äußeren die Beziehung zu meinem Angehörigen lösen, darin einstimmen muss, dass die reale Beziehung, ihn zu spüren und zu sehen, wirklich zu Ende gegangen ist. Das ist die eine Antwort, die mich mit Trauer und Schmerz erfüllt. Die andere hingegen lautet, dass ich die innere Beziehung und Bindung in mir bewahre und fortsetze, indem ich mich erinnere, loslasse und dankbar Schritt für Schritt ins Leben zurückkehre.

Gibt es dafür eine sinnvolle Abfolge? Wie trauere ich richtig, welches Modell hilft mir weiter? Einzelne Modelle formulieren wichtige Einsichten, die den Prozess der Trauer ausmachen. Der Ansatz von Freud betont den Aspekt des Loslassens, Phasenmodelle beschreiben einzelne Reaktionsmuster von Emotionen und Verhaltensweisen, Aufgabenmodelle erinnern an das, was Trauernde aktiv tun können und das Modell der fortgesetzten Bindungen daran, was ich von der verstorbenen Person in mir bewahre. Das duale Prozess-Modell der Trauer von Stroebe und Schut erfasst zwei Pole in der Bewältigung der Trauer.

Während die Seite der Verlustorientierung sich stärker an traditionellen Konzepten der Trauerarbeit ausrichtet, befasst sich die Wiederherstellungsorientierung mit grundlegenden Anpassungsprozessen (neue Rollen- und Verhaltensmuster). Eine bestimmende Idee dieses dualen Modells ist die Vorstellung, dass Trauer ein dynamischer Prozess ist. Die Balance zwischen Trauerarbeit und Lebensgestaltung wird immer wieder neu ausgerichtet und bewegt sich zwischen diesen beiden Polen hin und her.

Wenn Sie sich erinnern, wie Sie bisher Ihre Trauer gelebt haben, was Ihnen geholfen hat oder womit Sie sich bisher schwer getan haben, gewinnen Sie vielleicht den Mut, einmal neue Schritte zu wagen.

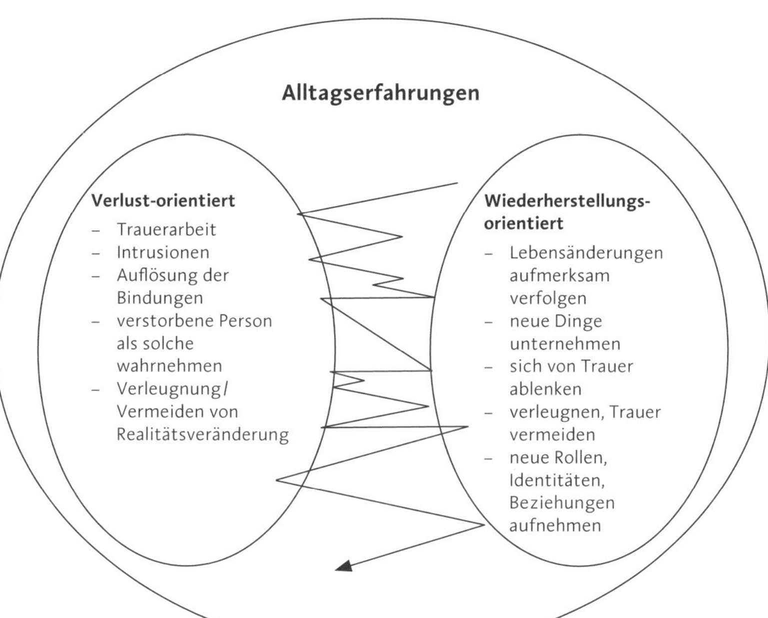

Abb. 11: Duales Prozessmodell der Trauer nach Stroebe und Schut, in Znoj (2004)

- Trauer wird gelebt, indem ich die Realität des Todes wirklich begreife. Wodurch ist mir das gut gelungen? Was hat mir geholfen, bewusst Abschied zu nehmen? Was ist mir schwergefallen?
- Trauer wird gelebt, indem ich Gefühle, die in mir lebendig sind, nach außen abgebe. Wie ist mir das gelungen? Habe ich mich der guten Erfahrungen erinnert und auch schmerzliche Gefühle zugelassen? Haben mich Gefühle so überschwemmt, dass ich sie zurückstellen musste, um zu funktionieren und für meine Familie sorgen zu können?
- Trauer wird gelebt, indem ich aktiv werde und nicht nur in einer passiven Rolle verharre. Was hat mir gut getan? Was will ich in Zukunft anders leben? Habe ich mich von meinem verstorbenen Angehörigen bewusst verabschiedet, ihm gedankt und das ausgesprochen, was in der Beziehung nicht so einfach war?

- Trauer wird schließlich gelebt, indem ich die Bindung zu meinem verstorbenen Angehörigen bewahre, ihm als inneren Begleiter auf meinem zukünftigen Lebensweg einen Platz einräume und den Mut finde, auch die Biografie meiner Freude fortzuschreiben.
- Trauer wird also gelebt, indem ich meinen eigenen individuellen Weg durch die Trauer beschreite, offen bleibe für das, was noch aussteht, aber gelassen meinen Weg finde, um gestärkt und verändert mich dem Leben zuzuwenden.

Die einzelnen Trauermodelle betonen unterschiedliche Gesichtspunkte, die zwischen dem Pol der Verlustorientierung und dem der Wiederherstellungsorientierung angesiedelt sind. Der nächste Schritt aber liegt in der Verantwortung jedes Einzelnen. Er darf ihn mutig gehen. Aus seinem Inneren heraus und mit Hilfe von anderen.

Leben lernen

Von der Sonne lernen
zu wärmen,
von den Wolken lernen,
leicht zu schweben.
von dem Wind lernen,
Anstöße zu geben,
von den Vögeln lernen,
Höhe zu gewinnen,
von den Bäumen lernen
standhaft zu sein.

Von den Blumen
das Leuchten lernen,
von den Steinen
das Bleiben lernen,
von den Büschen im Frühling
Erneuerung lernen,
von den Blättern im Herbst
das Fallenlassen lernen,
vom Sturm die Leidenschaft lernen.

Vom Regen lernen,
sich zu verströmen,
von der Erde lernen,
mütterlich zu sein,
vom Mond lernen,
sich zu verändern,
von den Sternen lernen,
einer von vielen zu sein,
von den Jahreszeiten lernen,
dass das Leben immer wieder
von neuem beginnt …

Ute Latendorf

Literatur

Argyle, M. (1996): Körpersprache und Kommunikation. Das Handbuch zur nonverbalen Kommunikation. 7. Aufl. Junfermann, Paderborn

Aulbert, E., Nauck, F., Radbruch, L. (2007) (Hrsg.): Lehrbuch der Palliativmedizin. 2., vollst. überarb. u. erw. Aufl., Schattauer, Stuttgart/New York

Babanek, A. (2001): Nonverbale Kommunikation mit Sterbenden. Leben bis zuletzt im Angesicht eines Gegenübers. Kuratorium Deutsche Altershilfe, Köln

Beutel, M. (2002): Der frühe Verlust eines Kindes. Bewältigung und Hilfe bei Fehl-, Totgeburt und plötzlichem Kindstod. 2. überarb. u. erw. Aufl. Hogrefe, Göttingen/Bern

Borasio, G.D. (2012): Über das Sterben. Was wir wissen. Was wir tun können. Wie wir uns darauf einstellen. 10. aktual. u. erg. Aufl. C.H. Beck, München

Bowlby, J. (2008): Bindung als sichere Basis. Grundlagen und Anwendung der Bindungstheorie. Ernst Reinhardt, München/Basel

Bredow, R.v., Bruhns, A., Dworschak, M. et al. (2012): Zu blau der Himmel. Jeder wird sterben, die Frage ist nur: wie? Qualvoll im Krankenhaus? Dement im Heim? … Der Spiegel 66 (2012), Nr. 22, 110–120

Burgheim, W. (Hrsg.) (Stand Juni 2004): Qualifizierte Begleitung von Sterbenden und Trauernden. Forum, Merching

Dilling, H. (Hrsg.) (2011): Taschenführer zur ICD-10-Klassifikation psychischer Störungen. 5., überarb. Aufl. Huber, Bern

Dreßel, G., Erdmann, B., Hausmann, C. et al. (2001): Sterben und Tod in Thüringen. Ergebnisse einer sozialwissenschaftlichen Repräsentativbefragung. Friedrich-Schiller-Universität, Jena

Erikson, E.H. (1998): Der vollständige Lebenszyklus. 4. Aufl. Suhrkamp, Frankfurt am Main

Feil, N., de Klerk-Rubin, V. (2013): Validation. 10. Aufl. Ernst Reinhardt, München/Basel

Franz, M. (2009): Tabuthema Trauerarbeit. Kinder begleiten bei Abschied, Verlust und Tod. 4. Aufl. Don Bosco, München

Freud, S. (2000 a): Totem und Tabu (Einige Übereinstimmungen im Seelenleben der Wilden und der Neurotiker (1912–13)). In: Studienausgabe Bd. IX, hrsg. von A. Mitscherlich u. a. Fischer Taschenbuch, Frankfurt am Main, 287–444

Freud, S. (2000 b): Trauer und Melancholie (1917/1915). In: Studienausgabe Bd. III, hrsg. von A. Mitscherlich et al. Fischer Taschenbuch, Frankfurt am Main, 193–212

Goethe, J. W. (1988): Maximen und Reflexionen. Bibliothek des 18. Jahrhunderts. Insel, Leipzig

Grond, E. (2004): Sterbebegleitung verwirrter Menschen. In: Burgheim, Werner (Hrsg.), 3.6

Havighurst, R. J. (1974): Developmental tasks and education. 3. print. Mckay, New York

Huber, G., Casagrande, C. (Hrsg.) (2011): Komplementäre Sterbebegleitung. Ganzheitliche Konzepte und naturheilkundliche Therapien. Karl F. Haug, Stuttgart

Husebø, S., Klaschik, E. (Hrsg.) (2009): Palliativmedizin. Grundlagen und Praxis. 5., aktual. Aufl. Springer, Heidelberg

Kaluza, G. (2011): Stressbewältigung. Trainingsmanual zur psychologischen Gesundheitsförderung. 2., vollst. überarb. Aufl. Springer, Berlin, Heidelberg

Kast, V. (1993): Trauern. Phasen und Chancen des psychischen Prozesses. 14. Aufl. Kreuz, Stuttgart

Kaufmann, J.-C. (2006): Kochende Leidenschaft. Soziologie vom Kochen und Essen. UVK Verl.-Ges., Konstanz

Kenneth, D. J. (2001): Trauer, die nicht anerkannt wird: In: Paul, Chris (Hrsg.) (2001): Neue Wege …, 101–111

Kierkegaard, S. (1922): Der Gesichtspunkt für meine Wirksamkeit als Schriftsteller. Gesammelte Werke, Bd. 10, Eugen Diederichs, Jena

Klass, D., Silvermann, P., Nickmann, S. (2001): Fortgesetzte Bindungen. In: Paul, C.: 2001, 182–190

Knipping, C. (Hrsg.) (2007): Lehrbuch Palliative Care. 2., durchges. u. korr. Aufl., Huber, Bern

Kruse, A. (1996): Wie erleben ältere Menschen den herannahenden Tod? In: Sterben und Sterbebegleitung. Ein interdisziplinäres Gespräch. (Hrsg.) Bundesministerium für Familie, Senioren, Frauen und Jugend. Kohlhammer, Stuttgart, 139–162

Kübler-Ross, E. (1971): Interviews mit Sterbenden. Kreuz-Verlag, Stuttgart

Küpper-Popp, K., Lamp, I. (Hrsg.) (2010): Rituale und Symbole in der Hospizarbeit. Ein Praxisbuch. Gütersloher Verlagshaus, Gütersloh

Küpper-Popp, K., Lamp, I. (Hrsg.) (2012): Abschied nehmen am Totenbett. Rituale und Hilfen für die Praxis. 3. Aufl. Gütersloher Verlagshaus, Gütersloh

Kurz, A. (2012): Das Wichtigste über die Alzheimer-Krankheit und andere Demenzformen. Ein kompakter Ratgeber. 22., aktual. Aufl. Dt.-Alzheimer-Ges., Berlin

Lamp, I. (Hrsg.) (2010): Umsorgt sterben. Menschen mit Demenz in ihrer letzten Lebensphase begleiten. Kohlhammer, Stuttgart

Lamp, I. (2012): Hospiz & Co. So finden Sie die beste Betreuung am Lebensende. E. Reinhardt, München/Basel

Latendorf, Ute (2013): Fülle des Lebens. Gedichte und Fotografien. Fölbach-Medienservice, München

Martin, M., Kliegel, M. (2008): Psychologische Grundlagen der Gerontologie. 2. Aufl. Kohlhammer, Stuttgart

Mittag, Oskar (Hrsg.) (1997): Der letzte Weg. Wie wir mit dem Tod umgehen. Trias, Stuttgart

Otterstedt, C. (2005 a): Der nonverbale Dialog. Für Begleiter von Schwerkranken, Schlaganfall-, Komapatienten und Demenz-Betroffenen mit Übungen zur Wahrnehmungssensibilisierung. Verl. modernes Lernen, Dortmund

Otterstedt, C. (2005 b): Die Symbolsprache Sterbender. In: Burgheim (2005), 43–60

Otterstedt, C. (2005 c): Der verbale Dialog. Für Begleiter von Schwerkranken, Schlaganfall-, Komapatienten und Demenz-Betroffenen mit Anregungen zur kreativen Gesprächsgestaltung. Verl. modernes Lernen, Dortmund

Paul, C. (Hrsg.) (2001): Neue Wege in der Trauer- und Sterbebegleitung. Hintergründe und Erfahrungsberichte für die Praxis. Gütersloh, Gütersloher Verlagshaus

Paul, C. (2006): Warum hast du uns das angetan? Ein Begleitbuch für

Trauernde, wenn sich jemand das Leben genommen hat. 5., überarb. u. erw. Aufl. Gütersloher Verlagshaus, Gütersloh

Pröllochs, C. (2010): Sterbebegleitung bei Demenzkranken. Tectum, Marburg

Richard, N. (1999): Integrative Validation. Vincentz, Hannover

Riemann, F. (1995): Grundformen der Angst. Eine tiefenpsychologische Studie. 41. Aufl. 2013. Ernst Reinhardt, München/Basel

Schwarz, E. (2013): Die Entwicklung des kindlichen Sterblichkeitswissens. www.rpi-loccum.de/schent.html, 28.04.13

Seneca, L. A. (2008): De brevitate vitae. Von der Kürze des Lebens/hrsg. u. übersetzt von M. Giebel. Reclam, Stuttgart

Specht-Tomann, M., Tropper, D. (2007): Zeit des Abschieds. Sterbe- und Trauerbegleitung. 6. Aufl. Patmos, Düsseldorf

Stroebe, M., Schut, H. (2001): Kultur und Trauer. In: Paul, C. (Hrsg): Neue Wege …, 89–101

Student, J.- C., Napiwotzky, A. (2007): Palliative Care. Thieme, Stuttgart

Thielemann-Jonen (2007): Sterbephase in der Palliativmedizin. In: Aulbert, 1019–1028

Wacker, M. (2012): Abschied nehmen von meinem Kind. Wenn Willkommen und Abschied zusammenfallen – ein Kind kommt tot zur Welt. In: Küpper-Popp, K., Lamp, I. (2012), 66–80

Wehkamp, K.-H. (1997): Trauer nach perinatalem Kindstod. Umgang mit dem Kindstod in der Frauenklinik. In: Mittag, O.: Der letzte Weg …, 85–91

Wojnar, J. (2007): Die Welt der Demenzkranken. Leben im Augenblick. Vincentz Network, Hannover

Worden, J. W. (1986): Beratung und Therapie in Trauerfällen. Ein Handbuch. Hans Huber, Bern; 4. überarb. u. erw. Aufl. 2011 Hans Huber, Bern

Znoj, H.(2004): Komplizierte Trauer, Hogrefe, Göttingen

Medien

Claus, U. (2007): Entscheidung zwischen Leben und Tod. Die Gewissensqualen der Angehörigen. Reportage, Arte

Claus, U., Witzke, B. (2012): Reise ins Vergessen. Leben mit Alzheimer. Film Teil I, ZDF

Faltin, S. (2011): Letzte Saison. Wenn es Zeit ist zu sterben. Dokumentarfilm, SWR

o. A. (2000): Demenzielles Verhalten verstehen. Abschied von den Spielregeln unserer Kultur. DVD. Vincentz, Hannover

Pletscher, M. (2011): Dein Schmerz ist auch mein Schmerz. Wenn Angehörige sich das Leben nehmen. Reportage, 3sat (SRF)

Strauch, M. (2009): Abschied. Wie Kinder trauern. WDR

Sachregister

Leseprobe

Ida Lamp

Hospiz & Co

So finden Sie die beste Betreuung am Lebensende

2.2 Wie sieht ein Hospiz eigentlich aus?

Wenn man nachschaut, wie ein Hospiz aussieht, dann findet man an Gebäudeformen alles, vom umgebauten Wohnhaus bis zur ehemaligen Station eines Krankenhauses, von Zimmern in einer Pflegeeinrichtung bis zum Modellprojekt, das einen eigenen Hospiz-Neubau gefördert bekommen hat. Das liegt vor allem daran, dass die Hospize in Deutschland noch sehr jung sind – das erste entstand 1986! In den ersten Jahren gab es keinerlei Vorschriften, wie ein Hospiz baulich auszusehen hat, und auch keine staatliche Förderung. Was für die Bauten gilt, trifft auch auf die Größen zu. Das Londoner St. Christopher's Hospice, die Mutter der Hospize, hat 48 Zimmer. Die Regelungen hinsichtlich der Größe und Anzahl der Räume sind 2010 erneuert und festgeschrieben worden.

In Deutschland dürfte das Palliative Hospiz Solingen mit seinen drei Betten das kleinste Hospiz mit einem eigenen Versorgungsvertrag sein. Versorgungsverträge (gesetzlich geregelt in § 39 SGB V und § 71 und 72 SGB XI) sind die Grundlage der Finanzierung stationärer Hospize. Die Zahl der Hospizplätze schwankt meist zwischen acht und zwölf Zimmern, die in der Regel Einzelzimmer sind, in denen eine Übernachtungsmöglichkeit für Angehörige gegeben ist. Der Gesetzgeber hat bei seiner Neuregelung klar eingefordert, dass ein Hospiz mindestens 8 und maximal 16 Gästezimmer hat. Und es darf, wenn neu gebaut bzw. beantragt wird, nicht mehr Teil einer anderen Einrichtung sein.

Der grundsätzliche Wunsch ist, dass es sich um wohnliche Häuser handelt, deren Atmosphäre mehr einem Wohnhaus, denn einer klinischen bzw. Pflegeeinrichtung entspricht. Ob-

www.reinhardt-verlag.de

wohl in Hospizen Intensivpflege betrieben wird, haben sie mit einer Intensivstation nichts gemeinsam. Stationäre Hospize kommen ohne viele Apparate und weitgehend auch ohne Maschinen und Schläuche aus. Hospize sind – auch wenn sie manchmal einem Altenheim oder einem Krankenhaus angegliedert sind – eigenständige Einrichtungen für Erwachsene, die an einer fortschreitenden Erkrankung leiden, die absehbar zum Tod führen wird. In einem stationären Hospiz sollen Sterbende bis zuletzt leben können. Die ärztliche Versorgung wird in den meisten Fällen durch die Hausärzte der Patienten, oder einen mit dem Hospiz kooperierenden niedergelassenen Arzt (mit palliativmedizinischem Knowhow) gewährleistet. Die Pflegekräfte (Krankenpfleger, -schwestern und Altenpfleger) haben zu einem hohen Prozentsatz PalliativeCare-Ausbildungen, also zusätzliche pflegerische Kompetenzen in der Versorgung Sterbender.

Viele Hospize haben ergänzende, nicht von den Krankenkassen mitfinanzierte Angebote wie Kunsttherapie oder Musiktherapie, um ihre Gäste gut begleiten zu können. Diese Angebote werden mit Spendengeldern finanziert. Oftmals arbeiten die Hospize mit Seelsorgern und Psychotherapeuten eng zusammen. Manche Leistungen, wie Ergo- oder Physiotherapie können ärztlich verordnet und im Hospiz wahrgenommen werden. Viele psychosoziale und spirituelle Angebote sind durch Ehrenamtliche getragen.

2.3 Wann ist jemand Hospiz-Patient?

Stationäre Hospize sprechen nicht von Patienten, sondern von Gästen. Damit wollen sie ihrer Haltung Ausdruck verleihen, dem anderen, kranken Menschen ihre Gastlichkeit anzubieten. Der andere soll nicht durch seine Krankheit definiert werden, sondern ganz als Mensch wahrgenommen werden. Im Wort „Gast“ kommt auch zum Ausdruck, dass man, selbst wenn alles sehr wohnlich gestaltet ist, kein vollwertiges Äquivalent zum Zuhause bieten kann. Deswegen benutzen viele Einrichtungen das Wort „Bewohner“ bewusst nicht. Der andere ist eben „Gast", weil man ihm in einer Phase seines Lebens Herberge gibt, in der er den Schutz und die Fürsorge anderer Menschen ganz besonders benötigt. Das zeigt sich auch darin, dass der Patient ein Schild „Bitte nicht stören" raushängen kann. Das symbolisiert, dass er der Mittelpunkt, vielleicht besser gesagt, der Dirigent des Geschehens um ihn ist.

Die Anfrage für eine Aufnahme ins Hospiz kann durch den kranken Menschen selbst, seine Angehörigen oder Bevollmächtigte bzw. Betreuer, den behandelnden Arzt, den Pflegedienst oder den Sozialdienst des Krankenhauses erfolgen. Viele Hospize laden den anfragenden Patienten oder seine Angehörigen zu einem ersten Informationsgespräch ein, um sich das Haus ansehen zu können und alle Fragen persönlich besprechen zu können.

Für die stationäre Hospizunterbringung hat der Gesetzgeber Vorgaben gemacht. Es gibt Kriterien für die Hospizaufnahme, die von Hospiz zu Hospiz ein bisschen abweichen können, im Prinzip aber gleichermaßen gelten: Jeder sterbende Erwachsene hat grundsätzlich das Recht, in einem Hospiz aufgenommen zu werden. Dabei spielen Herkunft, Alter, Religion oder Weltanschauung, soziale Stellung und Geld keine Rolle. Das gilt unabhängig vom Träger der Einrichtung.

Kriterien und Formulare für die Aufnahme können Sie auf den Internetseiten vieler Hospize abrufen, z.B. unter www.hospiz-bergstrasse.de/aufnahme.htm.

Bei einer Hospiztagung zitierte jemand den Ausspruch eines jungen Mannes, der nach einem Leben auf der Straße, seine letzten Tage in einem Hospiz verbringen sollte. Er habe gesagt: „Ein Hospiz ist wie ein 5-Sterne-Hotel – und man bezahlt mit dem Leben." Mich hat dieser Satz an eigene Erfahrungen mit einem obdachlosen Mann erinnert, der im Stationären Hospiz seine letzten Lebenstage verbrachte. Der Obdachlose, die reiche Dame, die von ihrem Vermögen gelebt hat, der Pater, der Maurer, die Fabrikarbeiterin – alle können sterbenskrank werden und in einem Hospiz Aufnahme finden. Das ist auch dadurch möglich, dass es keinen Eigenanteil mehr gibt, den man selbst aufbringen muss oder der vom Sozialamt übernommen wird. Der Gesetzgeber hat vorgeschrieben, dass im Bereich der Erwachsenen-Hospize 10% des mit den gesetzlichen Krankenkassen verhandelten Tagessatzes vom Hospizverein durch Spenden aufzubringen sind.

Dieses Modell ist einmalig im deutschen Gesundheitssystem. Es schützt die ideelle Seite der Hospizarbeit und verhindert, dass profitorientierte Organisationen Hospizarbeit „übernehmen". Es fordert die Träger auch heraus, wirtschaftlich zu arbeiten. Der momentan gezahlte Satz – der von jedem Hospiz eigens verhandelt wird – gibt allerdings nicht die Realität der Kosten eines Hospizes wieder. Das Spendenaufkommen liegt oft zwischen den geforderten 10 und 40% der realen Ausgaben.

Über die gesetzlichen Vorgaben zur Finanzierung hinaus, entscheiden allein die folgenden Hospiz-Aufnahmekriterien und die verfügbaren Betten darüber, ob jemand einen Platz in einem Stationären Hospiz bekommt.

2.4 Hospiz-Aufnahmekriterien

Die Hospiz-Aufnahmekriterien sind in § 39 a Abs. 1 SGB V und § 43 SGB XI gesetzlich geregelt. Grundvoraussetzung für eine stationäre Aufnahme ins Hospiz ist, dass der Betroffene an einer Erkrankung leidet, die bestimmte Kriterien erfüllt:

- die progredient verläuft – das bedeutet, dass die Erkrankung unaufhaltbar voranschreitet – und bei der bereits ein fortgeschrittenes Stadium erreicht ist,
- bei der der Stillstand oder eine Heilung ausgeschlossen ist und eine palliativmedizinische Behandlung und Pflege notwendig und/oder vom Patienten gewünscht sind,
- eine Lebenserwartung von Wochen oder Monaten erwarten lässt,
- keine Krankenhausbehandlung im Sinne § 39 SGB V erfordert.

Eine palliativmedizinische Versorgung im Hospiz kommt insbesondere bei folgenden Erkrankungen in Betracht:

Leseprobe

- fortgeschrittene Tumorerkrankungen,
- Endstadium einer chronischen Nieren-, Herz-, Lungen- oder Verdauungstrakterkrankung,
- Vollbild der Infektionskrankheit AIDS,
- Erkrankungen des Nervensystems mit unaufhaltsam fortschreitenden Lähmungen.

Die meisten Hospize sind auf Tumorerkrankungen spezialisiert. Zunehmend tauchen aber auch Konzepte in der Hospizarbeit auf, die die genannten anderen Erkrankungen umfassen. Diskutiert wird derzeit etwa, ob man Hospizpatient sein, und weiter Dialyse machen kann, oder wie Hospize mit Demenzerkrankten umgehen.

Für die Aufnahmeentscheidung ist sicher von Bedeutung, welches Fachpersonal ein Hospiz beschäftigt, über welche technische Ausstattung man verfügt, und natürlich, welche räumlichen Voraussetzungen gegeben sind. Das Palliative Hospiz Solingen etwa ist ein Hospiz mit drei Zimmern, das in einer Einrichtung für gehörlose Senioren untergebracht ist. Da fehlt für junge, mobile Erwachsene das gemütliche Wohnzimmer oder die Küche, in der man gesellig zusammen sein kann.